本书为广东省高校优秀青年创新人才培养计划资助项目成果（课题批准号：2012WYM_0018），并受到教育部人文社会科学研究青年基金项目（课题批准号：14YJC770025）的资助。

明清时期澳门黑人问题研究

彭蕙 著

中国社会科学出版社

图书在版编目(CIP)数据

明清时期澳门黑人问题研究/彭蕙著 .—北京：中国社会科学出版社，2017.7

ISBN 978-7-5203-0329-3

Ⅰ.①明… Ⅱ.①彭… Ⅲ.①社会史—研究—澳门—明清时代 Ⅳ.①K296.59

中国版本图书馆 CIP 数据核字(2017)第 103935 号

出 版 人	赵剑英	
责任编辑	刘　芳	
责任校对	沈丁晨	
责任印制	李寡寡	

出　　版	中国社会科学出版社	
社　　址	北京鼓楼西大街甲 158 号	
邮　　编	100720	
网　　址	http://www.csspw.cn	
发 行 部	010-84083685	
门 市 部	010-84029450	
经　　销	新华书店及其他书店	
印　　刷	北京明恒达印务有限公司	
装　　订	廊坊市广阳区广增装订厂	
版　　次	2017 年 7 月第 1 版	
印　　次	2017 年 7 月第 1 次印刷	
开　　本	650×960　1/16	
印　　张	12.5	
字　　数	165 千字	
定　　价	48.00 元	

凡购买中国社会科学出版社图书，如有质量问题请与本社营销中心联系调换
电话：010-84083683
版权所有　侵权必究

目　录

第一章　绪论 …………………………………（1）

第二章　前代入华黑人概述 ………………（10）
　　第一节　明以前入华黑人 ………………（10）
　　第二节　明前期朝贡贸易中的黑人 ………（30）

第三章　明清文人笔下的入华黑人 …………（44）
　　第一节　活跃在闽浙海上的黑人 …………（44）
　　第二节　澳门开埠后的黑人 ………………（50）

第四章　澳门黑人的来源和数量 ……………（64）
　　第一节　澳门黑人的来源 …………………（64）
　　第二节　澳门黑人的数量 …………………（80）

第五章　澳门黑人的社会地位 ……………(91)
第一节　澳门黑人的社会地位 …………(91)
第二节　澳门逃奴………………………(98)

第六章　澳门黑人的管理 ………………(111)
第一节　澳门黑人的犯罪现象透析 ……(111)
第二节　明清政府及澳葡对黑人的管理 …………………………………(131)

第七章　澳门黑人的社会职能和去向 …(145)
第一节　澳门黑人的社会职能 …………(145)
第二节　澳门黑人的去向 ………………(166)

附图 ………………………………………(178)

参考文献 …………………………………(184)

第一章　绪论

黑人，也就是黑种人，是世界上几大人种中的一种。从人种学的角度来看，人种的划分根据标准的不同所划分的结果也不尽相同。1735 年，生物学家林那（Linnaeus）以肤色为标准来划分人种，分为四种，即（1）欧罗巴白种（Europaeus albus）；（2）亚细亚黄种（Asiaticus fuscus）；（3）亚美利加红种（Americanus）；（4）阿非利加黑种（Africanus niger）。1775 年，勃鲁门巴（Blumenbach）发表了五分法，他根据肤色和头形来划分，分为五种，（1）高加索种（Caucasian Race）（即上一法的白种）；（2）蒙古利亚种（Mongolian Race）（即黄种）；（3）阿美利加种（American Race）；（4）埃提奥辟种（Ethiopian Race）（即黑种）；（5）马来种（Malayan Race）（即棕种，由黄种分出）。①林那和勃鲁门巴的划分方法只不过因具有代表性而引起人们的关注，在他们之后更多的人类学家、生物学家按照自己不同的标准也对人种进行了不同的划分，但有时只是名称不同，而实质是一样的，如黑种，林那称其为阿非利加黑种（Africanus niger），而勃鲁门巴称其为埃提奥辟种（Ethiopian Race）。但在现实的生活和研究中无法完全按照这种划分去界定某一个人种。

辞书中关于黑种人的解释则是："尼格罗人种，也称'黑色人种''赤道人种''尼格罗——澳大利亚人种'。主要包括尼格罗人、尼格里罗人、科萨人、澳大利亚人、维达人、尼格列多斯人和美拉尼西亚人等。体质特征：肤色多呈黑色或黑褐色；发形为卷曲形或波形，发色深黑；眼色黑褐；唇厚而凸或较厚；鼻宽扁或较宽；眼裂较大。主要分布于非洲、大洋洲、印度南部、斯里兰卡、美拉尼西亚、加里曼丹等地。其形成地区可能在非洲和南亚等处。"② 可以看出，黑人的分布地区非常广泛。那么人们通常所认为的黑人就是非洲黑人的看法则是狭隘的，亚洲也有黑

---

① 林惠祥：《世界人种志》，台湾商务印书馆1967年版，第11—12页。

② 《辞海》，上海辞书出版社1979年版，第1070页。

人的存在。况且这里所说的"黑人"不单指黑种人,因为葡萄牙人将比他们肤色深的东方民族统称为黑人,尤指马来人、印度人、帝汶人等。①

黑人问题的研究是个很有意义也很有趣的题目。尤其是明清时期澳门社会中的黑人问题研究,将对中外关系史及中外文化交流史的研究有很大的帮助。

然而,目前对于入华黑人问题的研究并不是很深入,而且时间大多集中在明代以前,尤以唐宋时期昆仑奴的研究为主,相关论文不少。明代以后入华黑人的研究相对来说较少,其中对明清时期澳门社会中的黑人研究更少。尽管部分著作和文章多少涉及明清时期澳门黑人问题,但都因资料过于零散而给研究带来诸多困扰。

关于唐宋时期昆仑奴的研究,专著性的论著不多。桑原骘藏的《蒲寿庚考》②、费琅(G. Ferrand)的《昆仑及南海古代航行考》③,都对古代南海的昆仑文明做过专门考证,堪称研究昆仑奴的东、西洋两大

---

① 葡萄牙国家档案馆总督函档第153号《末儿丁·甫思·多·灭儿致函国王汇报中国之行情况》,载金国平《西方澳门史料选粹(15—16世纪)》,广东人民出版社2005年版,第37页。
② [日]桑原骘藏:《蒲寿庚考》,陈裕菁译,中华书局1954年版,第84—87页。
③ [法]费琅:《昆仑及南海古代航行考》,冯承钧译,中华书局1957年版。

先驱。① 但相关的研究论文不少。凌纯声先生算是国内较早关注黑人问题的学者了,他的两篇文章则是其研究中国境内黑人的代表作。《中国史志上的小黑人》② 一文首先讨论了前人提到的侏儒、僬侥、黔歙短人、道州矮民四种小黑人,并加以注释,然后提出其本人所发现的木客和黑人两种新的资料。全文以考证为主,辅以比较分析,此文是研究黑人问题必须参考的一篇文章。《南洋土著与中国古代百越民族》一文则总结出"南洋的小黑人,至少有一部分,可能是古代居于中国大陆上的小黑人民族的后裔。换言之,中国大陆上的古代有小黑人居住,后为黄种民族迁迫入海;现代南洋土著中的小黑人,可能有一部分是其苗裔"③ 的观点。在凌纯声先生之后,亦有不少研究文章出现。如李季平的《唐代昆仑奴考》(中华书局编辑部编《文史》,1982年第16辑),对昆仑奴的来源、族属、役使情况及其在当时社会生产中的地位等问题进行了一些探讨。蔡鸿生的《唐宋佛书中的昆仑奴》(中国中外关系史学会编《中西初识二编》,大象

---

① 蔡鸿生:《唐宋佛书中的昆仑奴》,《中西初识二编》,大象出版社2002年版,第214页。
② 凌纯声:《中国史志上的小黑人》,《中央研究院院刊》1956年第3辑。
③ 凌纯声:《南洋土著与中国古代百越民族》,《学术季刊》1954年第3期。

出版社 2002 年版），则是一篇专门论述唐宋佛书中昆仑奴的文章。文中利用唐宋时期著名的佛书，如《一切经音义》《南海寄归内法传》等来研究昆仑奴，弥补了以往单纯从交通史方面研究昆仑奴的偏颇之处，阐述了佛教史与昆仑奴之间的关系。汪受宽的《元以前来华黑人考》（《社会科学战线》2001 年第 1 期）则概括叙述了元以前来华黑人的情况，其文中提到的，"至迟在 3000 多年前的殷商时代，中华大地上不仅在台湾就是在中原地区都已经有黑人居住生活过"[1]，这一论点把黑人来华的时间大大提前了。另外还有一些考证性的文章，如张星烺的《昆仑与昆仑奴考》（《中西交通史料汇编》第 2 册，中华书局 1977 年版），胡肇椿、张维持的《广州出土的汉代黑奴俑》（《中山大学学报》1961 年第 2 期），步连生的《试论我国古代雕塑的昆仑人及其有关问题》（《向达先生纪念论文集》，新疆人民出版社 1986 年版），孟晖的《唐画中的黑人》（《艺术世界》2003 年第 3 期），这些文章中提到的一些相关材料是研究这一问题重要的参考资料。

与唐宋时期昆仑奴的研究相比，明清时期澳门黑

---

[1] 汪受宽：《元以前来华黑人考》，《社会科学战线》2001 年第 1 期。

人问题研究就显得非常薄弱，不仅相关著作不多，就连研究的文章也只有少数几篇。我们知道，明朝前期许多朝贡的国家向中国入贡了黑奴这样一种特殊的商品。葡萄牙人东来之后，澳门成为中国最早对欧洲开放的贸易港口、华洋杂居之地，因而成为向中国输入黑人的重要门户。黑人在澳门社会中起着重要的作用，同时具有不可替代的地位，成为一个不容忽视的群体。然而目前，对于这一问题的研究还远远不够。

首先，在著作方面，几乎没有一本研究澳门黑人的专著。当然有部分论著中提到相关的知识，但大多是概括性的介绍。如艾周昌和沐涛两位先生编写的《中非关系史》[1]，其中部分章节提到澳门黑人问题，但也只是提纲挈领的概括，况且篇幅不长，其中大量的文献资料没有利用。在论文方面，R. 普塔克教授（Roderick Ptak）的《澳门的奴隶买卖和黑人》[2]从社会学或者说从人种学的角度研究了澳门黑人，概括性比较强，虽然没有把黑人的来源、数量以及他们的管理等情况详细介绍清楚，但是此篇却是目前唯一的一篇较为系统的关于澳门黑人的文章，为我们展开进一

---

[1] 艾周昌、沐涛：《中非关系史》，华东师范大学出版社1996年版。
[2] ［德］R. 普塔克：《澳门的奴隶买卖和黑人》，关山译，《国外社会科学》1985年第6期。

步研究提供了资料。金国平和吴志良两位先生合写的《郑芝龙与澳门——兼谈郑氏家族的澳门黑人》①中也提到了相关的问题，虽然并非专题论述澳门黑人的文章，但详细介绍了当时郑芝龙手下的黑人军队情况，因为这些黑人大部分来自澳门，因此文中提到的一些资料对于研究澳门黑人问题将有很大的帮助，而且此篇论文还开拓了我们研究澳门黑人的视野。另外，彭坤元的《清代人眼中的非洲》②则是一篇综述性的文章，时间集中在19世纪末至20世纪初，主要论述了清代人对非洲的认识从狭隘到开阔的演变过程。总的来说，目前对明清时期澳门黑人问题的研究略显薄弱，即便如此，以上所述论著、文章仍是我们研究这一问题不可缺少的参考资料。

一篇史学著作的完成，最为关键的是资料问题。明清时期澳门黑人问题的研究也面临这样的问题，相关资料非常零散，即使是外文资料，几乎也都是只言片语，语焉不详。因此，资料的搜集和整理就成为深入研究这一问题的重要任务。

有关澳门黑人问题的资料有：中文文献档案，如

---

① 金国平、吴志良：《郑芝龙与澳门——兼谈郑氏家族的澳门黑人》，《海交史研究》2002年第2期。
② 彭坤元：《清代人眼中的非洲》，《西亚非洲》2000年第1期。

《明清时期澳门问题档案文献汇编》（人民出版社 1999 年版）公布了一些档案材料。特别要提的一点是《葡萄牙东波塔档案馆藏清代澳门中文档案汇编》（澳门基金会 1999 年版）一书的出版，这也是对此问题研究最大的一个惊喜。韦庆远教授在书的序言中写道："这是一部具有重要学术价值的历史档案文件汇编，是根据澳门历史档案馆近年来葡萄牙东波塔档案馆微缩复制回来的清代官私中文文书编注而成的。"① 此书公布了大量珍贵的档案材料，其中有关澳门黑人的资料很多，然而目前很少有人利用这批档案材料进行专题性的研究，实为可惜。另外还有一些外文资料②和译著，如文德泉（Pe. Manuel Teixeira）的《澳门社会的奴隶贸易》③ 就提到相关知识。施白蒂（Beatriz Basto da Silva）的《澳门编年史（16—18 世纪）》④、费尔南·门

---

① 刘芳辑：《葡萄牙东波塔档案馆藏清代澳门中文档案汇编》，章文钦校，澳门基金会 1999 年版，第 1 页。

② Patrick Manning, *Slave Trades, 1500 - 1800*: *Globalization of Forced Labour*, Hampshire, 1996; A. C. de C. M. Saunders, *História Social dos Escravos e Libertos Negros em Portugal, 1441 - 1555*, Lisboa: Impr. Nacional-Casa da Moeda, 1994; José Ramos Tinhorão, *Os Negros em Portugal*, uma presença silenciosa, Lisboa: Caminho, 1997.

③ Pe. Manuel Teixeira, *O Comércio de Escravos em Macau*, Macau: Imprensa Nacional, 1976.

④ ［葡］施白蒂：《澳门编年史（16—18 世纪）》，小雨译，澳门基金会 1995 年版。

德斯·平托（Fernão Mendes Pinto）的《远游记》①、徐萨斯（Montalto de Jesus）的《历史上的澳门》②等著作也是研究这一问题重要的参考资料。本书将充分利用这些中文档案材料，结合外文资料来进行研究，相信对这一问题的研究将有很大的帮助。

明清时期澳门黑人问题的研究，主要以明清时期澳门黑人的来源、数量以及他们在社会中的作用等问题作为论述的主题。开篇首先从分析前代（明以前）入华黑人入手，简单综述唐宋时期入华黑人的概况，紧接着论述明清时期澳门社会中的黑人，时间从明初延伸到明中叶直至清代。论述澳门黑人之前将简单介绍明前期朝贡贸易中的黑人情况，还要明确的一个问题就是清代以前入华黑人中不仅有非洲黑人还有东南亚小黑人。一般来说，欧人东来之前，以朝贡形式输入中国的基本上是东南亚本土的马来土著，俗称"小黑人"，因其体型较小而得名。葡人东来之后，便从其非洲殖民地将大批非洲黑奴辗转输送到了中国，澳门因此成为入华黑人的重要门户。

---

① ［葡］费尔南·门德斯·平托：《远游记》，金国平译，葡萄牙大发现纪念澳门地区委员会、澳门基金会、澳门文化司署、东方葡萄牙学会1999年版。
② ［葡］徐萨斯：《历史上的澳门》，黄鸿钊、李保平译，澳门基金会2000年版。

第二章　前代入华黑人概述

第一节　明以前入华黑人

本章系综合以往的研究成果对前代入华黑人的概述，同时也是为了对入华黑人，尤其是明清时期澳门黑人有个完整认识的一般性概述。中国很早就有了黑人的足迹，他们在中国繁衍生息。凌纯声曾写过文章论述中国境内的黑人：

> 古代中国境内黑色人种，除小黑人外，可能尚有美拉尼西亚人。今之美拉尼西亚人又分为两种（sub-race）：一为巴布安人（Papuans），又一即美拉尼西安人（Melanesians），前者住在新几内亚；后者散布在美拉尼西亚群岛，远至菲

吉群岛。①

凌纯声先生还提到,晋宋时期始见中国史书中的昆仑奴多自国外迁入,非中土所产。② 其中提到的昆仑奴其实就是黑人,能够明确的一点,中国境内很早就有了黑人的足迹。

关于昆仑奴的问题非常复杂,首先要了解关于"昆仑"的记载。"昆仑"最早应是指地名,后来才逐渐代指黑人。伯希和以"昆仑为中国地理书中闻名之山。山在中亚,相传为公元前10世纪时,周穆王西王母处(译者按:原文为 Le Prince Mou de l'état de Ts'in,误以周穆王为秦穆公,兹改正)。自是以后,昆仑之名,遂散见各书"③。"昆仑"其地具体所指各家众说纷纭,费琅曾写过专文考证其所在:昆仑一名,盖指下之各地,甲、恒河东及马来群岛数岛;乙、Pulaw Kundur 岛,即吾人地图之昆仑山(Poulo Condore);丙、茶陵(Tourane)东南之占笔罗或占不牢岛(Culao Cham);丁、占波、真腊、缅甸、马来半岛(顿逊

---

① 凌纯声:《中国史志上的小黑人》,《中央研究院院刊》1956年第3辑。
② 同上。
③ [法]费琅:《昆仑及南海古代航行考》,冯承钧译,中华书局1957年版,第17页。

及槃槃)、苏门答腊、爪哇等地之昆仑国。①

　　隋唐以降,"昆仑"一词意义更加广泛。有时用来做族名、王号或国名。"隋时(589—618年)其国王姓古龙。诸国多姓古龙。讯耆老言,古龙无姓氏,乃昆仑之讹。"② "自林邑以南,(人)皆卷发黑身,通号为'昆仑'。"③ "真腊国,在林邑西北,本扶南之属,'昆仑'之类。"④ "盘盘,在南海曲……自交州海行四十日乃至。……其臣曰勃郎索滥,曰昆仑帝也。曰昆仑勃和,曰昆仑勃谛索甘,亦曰古龙。古龙者,昆仑声近耳。"⑤ "扶南,在日南之南七千里……王姓古龙。……其人黑身、鬈发、倮行。"⑥

　　当时又有"昆仑书""昆仑语""昆仑舶"等称谓。其文字则为"昆仑书",其语言为"昆仑语"。释慧琳《一切经音义》卷81释"昆仑语":

　　　　上音昆,下音论,时俗语便,亦曰骨论,南

---

① 〔法〕费琅:《昆仑及南海古代航行考》,冯承钧译,中华书局1957年版,第32页。
② (唐)杜佑:《通典》卷188,上海图书集成局1901年排印本。
③ (后晋)刘昫等:《旧唐书》卷197,中华书局1975年版,第5270页。
④ 同上书,第5271页。
⑤ (宋)欧阳修、宋祁等:《新唐书》卷222下,中华书局1975年版,第6300页。
⑥ 同上书,第6301页。

海洲岛中夷人也。甚黑,裸形,能驯伏猛兽犀象等。种类数般,即有僧祇、突弥、骨堂、阁蔑等,皆鄙贱人也。国无礼义,抄劫为活,爱啖食人,如罗刹恶鬼之类也。言语不正,异于诸蕃。善入水,竟日不死。①

"昆仑"一词更多与黑色或近黑之物相关。隋时的名酒"昆仑觞",就是因为其"色如绛"而得名。②隋炀帝大业末年,曾改称茄子为"昆仑紫瓜"③,大概也是其色黑紫之故。在唐人记载昆仑的各种植物中就有许多与黑色有关:

> 木香
> 苏恭曰:此有二种,当以昆仑来者为佳,西胡来者不善。苏颂曰:今惟广州舶上来,他无所出。④

---

① (唐)释慧琳:《一切经音义》卷81,续修四库全书本。
② (宋)李昉等:《太平广记》卷233,中华书局1981年版,第1783页。
③ (宋)李昉等:《太平广记》卷411,中华书局1981年版,第3346页。
④ (明)李时珍:《本草纲目》卷14,人民卫生出版社1977年版,第855页。

益智子

陈藏器曰：益智出昆仑国及交趾，今岭南州郡往往有之。①

肉豆蔻

李珣曰：生昆仑及大秦国。②

骨路支

陈藏器曰：生昆仑国，苗似凌霄藤，根如青木香，越南亦有。一名飞藤。③

丁香

苏恭曰：鸡舌香出昆仑及交州、爱州以南。李珣曰：丁香生东海及昆仑国。二月、三月，花开，紫白色。至七月方始成实，小者为丁香，大者（如巴豆）为母丁香。马志曰：丁香生交、广、南番。④

檀香亦名旃檀

陈藏器曰：白檀出海南，树如檀。苏恭曰：

---

① （明）李时珍：《本草纲目》卷14，人民卫生出版社1977年版，第871页。

② 同上书，第876页。

③ （明）李时珍：《本草纲目》卷18，人民卫生出版社1977年版，第1265页。

④ （明）李时珍：《本草纲目》卷34，人民卫生出版社1977年版，第1940页。

紫真檀出昆仑盘盘国，虽不生中华，人间遍有之。①

阿魏亦名阿虞

苏恭曰：阿魏生西番及昆仑。苗叶根茎酷似白芷，体性极臭，而能止臭，亦为奇物也。李珣曰：按广志云，生昆仑国。是木津液，如桃胶状。其色黑者不堪，其状黄散者为上。②

苏枋木

苏恭曰：苏枋木自南海昆仑来，而交州、爱州亦有之。树似庵罗，叶若榆叶而无涩，抽条长丈许，花黄，子生青熟黑。其木，人用染绛色。③

这里我们不去求证"昆仑"其具体所在，仅从其地所产植物来看许多都与黑色有关，如"阿魏生西番及昆仑……其色黑者不堪"，"苏枋木自南海昆仑来……熟黑"等。后来逐渐以"昆仑"形容肤色之黑。《新五代史》卷53："慕容彦超，吐谷浑部人，汉高祖同产弟也。尝冒姓阎氏，彦超黑色胡髯，号阎

---

① （明）李时珍：《本草纲目》卷34，人民卫生出版社1977年版，第1944页。
② 同上书，第1970页。
③ （明）李时珍：《本草纲目》卷35，人民卫生出版社1977年版，第2045页。

昆仑。"① 《梦溪笔谈》卷24亦载："漳州界有一水，号乌脚溪。涉者足皆如墨……梅龙图公仪宦州县时，沿牒至漳州……至乌脚溪，使数人肩荷之……忽坠水中，至于没顶，乃出之，举体黑如昆仑。"② 昆仑奴也就是黑人。当然，这里所说的黑，并不只是指纯黑，也包括浓淡不一的棕色或褐色。因此，当时我国之深肤色的人也常被称为昆仑。

与昆仑奴属同一族类的"僧祇奴"，在唐宋时期的文献中也多次提到：

咸亨至开元间（670—741）室利佛逝献"僧祇女二人"③。

元和八年（813），诃陵国献"僧祇奴"④。元和十年（815），诃陵国献"僧祇僮五人"⑤。元和十三年（818），诃陵国献"僧祇女二人"⑥。

---

① （宋）欧阳修：《新五代史》卷53，中华书局1986年版，第607页。
② （宋）沈括：《梦溪笔谈》卷24，丛书集成初编本。
③ （宋）欧阳修、宋祁等：《新唐书》卷222下，中华书局1975年版，第6305页。
④ 同上书，第6302页。
⑤ （后晋）刘昫等：《旧唐书》卷197，中华书局1975年版，第5273页。
⑥ 同上。

僧祇乃波斯语及阿曼（Oman）方言 Zangi 之音译，黑奴（Negro）之意也。① 僧祇又作层期。费琅认为"层期"似指东非洲之 Zang。② 在阿拉伯帝国之历史中，如黑衣大食利用僧祇奴（Zanj）开采幼发拉底河之硝石矿，这种僧祇奴，与我国载籍之僧祇僮、僧祇女皆为东非输出之土族男女奴隶也。③ 而《一切经音义》卷81则云：

>南海洲岛中夷人也，甚黑，裸形，能驯伏猛兽犀象等。种类数般，即有僧祇、突弥、骨堂、阁蔑等。④

可见，僧祇也可以归属于昆仑之属，僧祇奴和昆仑奴属同一族类。夏德和柔克义说，昆仑奴虽以南海黑人为主，然当唐宋时，非洲之尼革罗，似亦为回教徒输入中土。⑤ 也就是这个意思。约在7世

---

① ［日］桑原骘藏：《蒲寿庚考》，陈裕菁译，中华书局1954年版，第85页。

② ［法］费琅：《昆仑及南海古代航行考》，冯承钧译，中华书局1957年版，第9页。

③ （宋）赵汝适：《诸蕃志校释》，杨博文校释，中华书局2000年版，第101页。

④ （唐）释慧琳：《一切经音义》卷81，续修四库全书本。

⑤ ［日］桑原骘藏：《蒲寿庚考》，陈裕菁译，中华书局1954年版，第85页。

纪，东非黑人被大食国掠买并辗转输入中国。《诸蕃志·海上杂国》记昆仑层期国①"身如黑漆，虬发，诱以食而擒之，转卖与大食国为奴，获价甚厚"②。《岭外代答·昆仑层期国》记其人"身如黑漆，诱以食而擒之，动以千万，卖为蕃奴"③。非洲昆仑诸国，在大食强盛时数被侵略，其人民数以千万计地被掳掠，转卖到大食国为奴。又因唐代，中国与大食交往频繁，所以许多黑人也被辗转贩卖到中国。关于大食国人役使昆仑奴之事，《宋史》中也有记载："北宋太平兴国二年（977），黑衣大食遣使蒲思那、副使摩诃末、判官蒲晖等贡方物，其从者目深体黑，谓之昆仑奴。"④

元代，官宦乃至富有人家以黑人为奴者颇众。《贤博篇》载："元时仕宦家所用黑厮，国初西域进黑奴三百人。"⑤明初学者叶子奇也写道元朝情况："北人女使必得高丽女孩童，家僮必得黑厮，不如此谓之

---

① （宋）赵汝适：《诸蕃志校释》，杨博文校释，中华书局2000年版，第127页。
② 同上。
③ （宋）周去非：《岭外代答校注》卷3，杨武泉校注，中华书局1999年版，第113页。
④ （元）脱脱等：《宋史》卷490，中华书局1977年版，第14118页。
⑤ （明）叶权：《贤博篇》之《游岭南记》，中华书局1987年版，第46页。

不成仕宦。"① 而且当时有许多黑人穆斯林来到中国，中国沿海地区因此出现了不少"黑回回"。至大四年（1311），广州番禺曾发生回回番客劫夺财物案，抓获人犯中有"黑回回四人"②。《伊本·白图泰游记》为我们提供了更丰富的资料：

> 大都可汗的宫殿有门7座，其第七门"共有拱篷三座，其一是阿比西尼亚人拱篷，其二为印度人拱篷，其三为中国人拱篷，每队都有1名中国人任队长"。③

"阿比西尼亚"即今之埃塞俄比亚。14世纪，多数居民信奉伊斯兰教，亦为黑人穆斯林。他们也许是蒙古西征时从阿拉伯地区掳掠来的军士、奴隶，入华后充宿卫。此外，黑人对主人的忠实足以让雇用他们的人放心百倍。《伊本·白图泰游记》就载：

> 黑人对他们的君王极其恭敬屈从，他们用君

---

① （明）叶子奇：《草木子》卷之3下，中华书局1997年版，第63页。
② 《大元圣政国朝典章》卷56《刑部》17《杂犯二》，台北"国立"故宫博物院1975年印行。
③ ［摩洛哥］伊本·白图泰：《伊本·白图泰游记》，马金鹏译，宁夏人民出版社2000年版，第557页。

王的名字赌咒发誓。①

黑人是"极其恭敬屈从",而且用"君王的名字赌咒发誓",这是一般奴仆做不到的。而对于黑人来说,他们把自己的君王看得比自己的生命还重要,为他们赌咒,为他们发誓。因此,在元代,中国海舶上使用黑人做卫队也就不足为奇了。伊本·白图泰在赴中国途中曾亲眼所见中国海舶上的黑人卫士,"船总管活像一大长官,登岸时射手黑奴手执刀枪前导,并有鼓号演奏"②。显然,这些黑人肩负起保卫船只的重任。

明代以前中国境内的昆仑奴以南海黑人为主,应该是东南亚一带的马来土著,也就是俗称的"小黑人"。《南洋论》载:"南洋小黑人种系,菲律宾之海胆族(Aeta),马来半岛中部之西满族(Semang)及印度洋上之安达曼族(Amdaman),马六甲之沙开族(Sakai),而总名之曰尼格律族,或称小黑人种。其身材矮小不满五尺,肌色甚黑,前额突出,绉发作卷状,当系马来诸岛之最古人种。"③《菲律宾民族的渊

---

① [摩洛哥]伊本·白图泰:《伊本·白图泰游记》,马金鹏译,宁夏人民出版社2000年版,第594页。
② 同上书,第486页。
③ 高恒:《南洋论》,南洋经济研究所1948年版,第294页。

源》载："小黑人尼格里道族（Negrito），因为这一族人身材矮小，肤色黝黑，头发鬈曲，体格没有非洲黑人尼格罗那么高大，故以'尼格里道'称之。"① 当然也有一部分来自非洲，有的甚至从阿拉伯国家被辗转输入中国。这些黑人在身形特征、个人技能上存在以下一些共同之处。

卷发黑身，有的身材矮小。《隋书》卷82："人物小而色黑，妇人亦有白者。悉卷发黑身，性气捷劲。"②《朝野佥载》："炀帝令朱宽征留仇国，还，获男女口千余人并杂物产。……人形短小，似昆仑。"③ 这些昆仑奴应该是东南沿海的小黑人。张籍《昆仑儿》云：

昆仑家住海中州，蛮客将来汉地游，言语解教秦吉了，波涛初过郁林洲。金环欲落曾穿耳，螺髻长卷不裹头。自爱肌肤黑如漆，行时半脱木绵裘。④

---

① 刘芝田：《菲律宾民族的渊源》，东南亚研究所丛书1969年版，第65页。
② （唐）魏征、令狐德棻：《隋书》卷82，中华书局1982年版，第1836页。
③ （唐）张鷟：《朝野佥载》，中华书局1979年版，第169—170页。
④ （唐）张籍：《昆仑儿》，《全唐诗》卷385，中华书局1985年版，第4339页。

该诗的最后四句详细刻画了昆仑奴的形象，这些"肌肤黑如漆"的昆仑奴很可能是由南海的昆仑族人输入中国的。在唐黑人有的甚至嫖妓生下儿子，其子肤色黝黑：

虽得苏方木，犹贪玳瑁皮。怀胎十个月，生下昆仑儿。①

这里以"昆仑儿"一词来形容黑人生下的孩子皮肤黝黑。宋代，随大食国使者入贡宋朝的也是"目深体黑"②的昆仑奴。

机智勇敢，武艺超群。唐代传奇中有《昆仑奴》一篇，以大量篇幅描写了崔氏家中的一昆仑奴磨勒机智勇敢、技艺超群的形象。磨勒能破译歌姬约会崔生的哑谜，使崔生顺利与心仪女子约会，事情败露后他又凭一身高超武艺逃脱。③看来昆仑奴磨勒绝非等闲之辈。昆仑奴还参战："罕既入城，钤辖侍其渊等共

---

① （唐）崔涯：《嘲妓》，《全唐诗》卷870，中华书局1985年版，第9858—9859页。

② （元）脱脱等：《宋史》卷490，中华书局1977年版，第14118页。

③ （宋）李昉等：《太平广记》卷194，中华书局1981年版，第1452—1454页。

修守备。贼掠得海船昆仑奴，使登楼车以瞰城中，又琢石令圆以为炮，每发辄杀数人。"①

水性好，善游泳。《原化记·周邯》篇："唐周邯自蜀沿流，曾市得一奴，名曰水精，善于探水，乃昆仑白水之属也。甘疑瞿塘之深，命水精探之。移时方出。云，其下有关，不可越渡，但得金珠而已。每遇深水潭洞，皆命奴探之，多得宝物。"②《岭表录异·鳄鱼》篇："故太尉相国李德裕贬官潮州，经鳄鱼滩，损坏舟船，平生宝玩，古书图画，一时沉失，遂召舶上昆仑取之。"③《甘泽谣·陶岘》篇："（岘）曾有亲戚，为南海守，因访韶石而往省焉。郡守喜其远来，赠钱百万，及遇古剑，长二尺许。又玉环，径四寸，及海舶昆仑奴名摩诃，善游水而勇捷……乃回棹，下白芷，入湘江，每遇水色可爱，则遗剑环于水，令摩诃下取，以为戏乐。"④《一切经音义》中也提到"甚黑、裸形"的"南海洲岛中夷人"，"善入水，竟日不

---

① （宋）司马光：《涑水记闻》卷13，中华书局1989年版，第258页。

② （宋）李昉等：《太平广记》卷232，中华书局1981年版，第1779页。

③ （宋）李昉等：《太平广记》卷464，中华书局1981年版，第3820—3821页。

④ （宋）李昉等：《太平广记》卷420，中华书局1981年版，第3422页。

死"。① 唐宋时期海上贸易兴盛，泛海的船只大多是由习水性的昆仑人来驾驭，他们驾驶的船又被称为"昆仑舶"。《王方庆传》：

> 则天临朝，（王方庆）拜广州都督。广州地际南海，每岁有昆仑乘舶以珍物与中国交市。旧都督路元叡冒求其货，昆仑怀刃杀之。方庆在任数载，秋毫不犯。②

文中提到"昆仑乘舶以珍物与中国交市"，其中"昆仑"即指那些善水的昆仑奴，而且他们已懂得与外界贸易了。

具有很好的音乐才能。元稹《琵琶歌——寄管儿，兼诲铁山。此后并新题乐府》中言：

> 琵琶宫调八十一，旋宫三调弹不出。玄宗偏许贺怀智，段师此艺还相匹。自后流传指拨衰，昆仑善才徒尔为。③

---

① （唐）释慧琳：《一切经音义》卷81，续修四库全书本。
② （后晋）刘昫等：《旧唐书》卷89，中华书局1975年版，第2897页。
③ （唐）元稹：《琵琶歌——寄管儿，兼诲铁山。此后并新题乐府》，《全唐诗》卷421，中华书局1985年版，第4629页。

昆仑奴具有特殊的音乐才能，这一点在《太平御览》也有记载：

> 贞元（唐德宗）中，有康昆仑弹琵琶第一手，因长安大旱，诏移两市以祈雨，及至天门街市，人广较胜负，及閒声乐。即街东有康昆仑琵琶最上，必谓街西无以敌也。遂请昆仑登采楼弹一曲新翻羽调录要。①

康昆仑因懂音乐而能在唐德宗时任宫廷乐工，又因其弹琵琶第一，在祈雨时被请出"登采楼弹一曲新翻羽调录要"，看来他的音乐才能得到了充分的发挥。宋代，印度尼西亚历史上强大一时的三佛齐中也有懂音乐的昆仑奴：

> 三佛齐，盖南蛮之别种，与占城为邻。国中文字用梵书，以其王指环为印，其乐有小琴、小鼓。昆仑奴，踏曲为乐，其歌可知矣。②

《咸宾录》进一步解释，"昆仑奴者，能踏曲为乐

---

① （宋）李昉等：《太平御览》卷583，中华书局1985年版。
② （宋）陈旸：《乐书》卷159，文渊阁四库全书本。

者也"①。可见，昆仑奴的乐感非常好，正如《葡萄牙的发现》中所说："即过去和现在一样，黑人具有很高的艺术悟性……黑人的音乐和舞蹈一向是独特的艺术表现形式。"②

"能驯伏猛兽犀象等"③，充当驯象师。顾况《杜秀才画立走水牛歌》言：

> 昆仑儿，骑白象，时时锁著师子项。奚奴跨马不搭鞍，立走水牛惊汉官。江村小儿好夸骋，脚踏牛头上牛领。浅草平田擦过时，大虫著钝几落井。杜生知我恋沧洲，画作一障张床头。八十老婆拍手笑，妒他织女嫁牵牛。④

《事类赋注》卷20云：

> 周军逼江陵，梁人出战。梁以二象被之以甲，束刃于鼻，令昆仑奴驭之以战，杨忠谢之，象

---

① （明）罗日炯：《咸宾录》卷6，中华书局2000年版。
② ［葡］雅依梅·科尔特桑：《葡萄牙的发现》第1卷，邓兰珍译，纪念葡萄牙发现事业澳门地区委员会1997年版，第30页。
③ （唐）释慧琳：《一切经音义》卷81，续修四库全书本。
④ （唐）顾况：《杜秀才画立走水牛歌》，《全唐诗》卷265，中华书局1985年版，第2946页。

反走。①

昆仑奴充当象奴，驭象参战，足见他们高超的驯象本领。唐代，出现逗狮子舞者，服饰仿作昆仑人的形象。②看来，这些来自热带的狮子、大象的驯养者以黑人居多，它们在黑人的驯养下变得非常温顺。魏初的《观象诗》云：

皇帝马箠开云南，始得一象来中国。中国传闻未尝见，一日争睹轰霹雳。巨鼻引地六七尺，左卷右舒为口役？耳项垂垂倍数牛，皮毛苍苍艾豤黑。目竖青荧镜有光，背阔隐嶙山之脊。卷发蛮奴铁作钩，要将驱使惊九州。吾闻国家方宝贤，异物自至非所求。谁能更上旅獒篇，清风万古追西周。③

《元史》卷209载：

至元六年十一月，陈光曧上书陈情，言：又

---

① （宋）吴淑：《事类赋注》卷20，中华书局1989年版，第412页。
② （后晋）刘昫等：《旧唐书》卷29，中华书局1975年版，第1095页。
③ （元）魏初：《青崖集》卷1，文渊阁四库全书本。

据忽笼海牙谓陛下须索巨象数头。此兽躯体甚大，步行甚迟，不如上国之马。伏候敕旨，于后贡之年当进献也。……八年十二月，光昺复书曰：本国钦奉天朝已封王爵，岂非王人乎？天朝奉使复称：王人与之均礼，恐辱朝廷。况本国前奉诏旨，故依违未敢直对。实缘象奴不忍去家，难于差发。十五年十二月，日烜遣范明字、郑国瓒、中赞杜国计奉表陈情……兼贡方物及二驯象。①

来自东南亚国家的巨兽，起初非常少见，因此大家都争相前来观看，直到入贡的数量多了，才逐渐为人所熟知。而且这些原本有野性的大象在黑人驯象师的训练下，变得驯服了许多。当然，驯象也有不驯的时候。《刘好礼传》载：

至元十九年，又改礼部尚书。[刘]好礼建言中书：象力最巨，上往还两都，乘舆象驾，万一有变，从者虽多，力何能及。未几，象惊，几

---

① （明）宋濂等：《元史》卷209，中华书局1976年版，第4636、4639页。

伤从者。①

虞集《道园学古录》：

又尝校猎还宫，伶人有效兽舞以迎者驾，惊舆象莫能制。乘舆危，公方侍坐舆中，投身当其冲。卫士得绝靷去象，乘舆安而公创甚。至数月，乃得愈。②

"象惊，几伤从者"，大象如果遇到意外的惊吓，从者可能会遭殃。看来，黑人承担驯象师这个任务也是个苦差事，随时有可能遭遇庞然大物的攻击。

作为使节。李贺《昆仑使者》则是专门言黑人使节的，诗言：

昆仑使者无消息，茂陵烟树生愁色。金盘玉露自淋漓，元气茫茫收不得。麒麟背上石文裂，虬龙鳞下红枝折。何处偏伤万国心，中天夜久高

---

① （元）脱脱等：《宋史》卷167，中华书局1977年版，第3925—3926页。
② （元）虞集：《道园学古录》卷13《贺丞相神道碑》，文渊阁四库全书本。

明月。①

唐宋元时期,昆仑奴以"性淳不逃徙"②而著称,而且几乎个个身怀绝技,从而助长了这一时期的蓄奴之风。

第二节 明前期朝贡贸易中的黑人

明前期,随着中国对外政策的不断改变,海外诸国纷纷来中国朝贡,尤其是南洋诸国与中国来往频繁,政治、经济、文化交流广泛。大量的海外物资输入中国,贡品十分丰富,不仅有药材、香料、珍宝和奇珍异兽,还有一种特殊的贡品——黑人。

如此广泛、频繁的物资交流,与明朝南洋政策的建立是分不开的。朱元璋称帝建国后,为了消除元王朝在海外的影响,建立起"大明"的正统观念。在建元之始(洪武元年十二月二十六日)即派使者出使安南与高丽,通告海外:

---

① (唐)李贺:《昆仑使者》,《全唐诗》卷394,中华书局1985年版,第4441页。

② (宋)朱彧:《萍洲可谈》卷2,丛书集成初编本。

>朕肇基江左，扫群雄，定华夏，臣民推戴，已主中国，建国号曰大明，改元洪武。顷者克平元都，疆宇大同，已承正统，方与远迩相安无事，以共享太平之福。①

紧接着又于洪武二年（1369）春正月二十日："遣使以即位诏谕日本、占城、爪哇、西洋诸国。"②洪武元年及二年的海外诏谕似乎并未产生多大影响，海外诸国对中国政局的变化仍持观望态度。直至洪武三年（1370），明朝平定沙漠后，太祖再遣使告谕云南八番、西域、西洋琐里、爪哇及畏吾儿等国，并称：

>今年遣将巡行北边，始知元君已殁，获其孙买的里八剌，封为崇礼侯。朕仿前代帝王治理天下，惟欲中外人民咸乐其所；又虑汝等僻在远方，未悉朕意，故遣使往谕，咸使闻知。③

很明显，朱元璋立国之初，不断派出使臣出使南

---

① （明）徐一夔等：《明集礼》卷32，文渊阁四库全书本，第65页。
② （明）胡广等：《明太祖实录》卷38，台湾"中研院"历史语言研究所1962年校印本，第775页。
③ （明）胡广等：《明太祖实录》卷53，第1049—1050页。

洋，其目的只有一个，就是通告海外诸国，中国已经改朝换代，并希望与各国建立友好关系，奉明朝为正朔，故明人郑晓言："高皇帝何以有海外之使也？更始也。"① 到洪武四年（1371），朱元璋的南洋政策大体决定：

> 海外蛮夷之国，有为患于中国者，不可不讨；不为中国患者，不可辄自兴兵……朕决不伐之。②

"不为中国患者，不可辄自兴兵。"③ 朱元璋这一段话，也就成了明王朝对海外诸国的基本政策，为了告诫子孙，他又将这一政策公布于《皇明祖训》中：

> 四方诸夷，皆限山隔海，僻在一隅，得其地不足以供给，得其民不足以使合。若其自不揣量，来挠我边，则彼为不祥。彼既不为中国患，而我兴兵轻伐，亦不祥也。吾恐后世子孙，倚中国富强，贪一时战功，无故兴兵，致伤人命，切记不可。但胡戎与西北边境，互相密迩，累世战

---

① （明）郑晓：《今言》卷4之338条，中华书局1984年版，第195页。
② （明）胡广等：《明太祖实录》卷68，第1277—1278页。
③ 同上。

争，必选将练兵，时谨备之。①

为了解除各国对新王朝的疑虑，并将朝鲜、日本、大小琉球、安南、真腊、暹罗、占城、苏门答腊、西洋、爪哇、彭亨、百花、三佛齐、渤泥等15国列为"不征诸夷"②，其中主要是南海诸国。列不征之国，禁止对海外诸国用兵，说明明太祖已接受元代征日本、爪哇丧师辱国的历史教训，并将元代海外扩张政策改变为和平共处的海外政策。

在和平共处的海外政策思想的指导下，明代的海外贸易较元代发生了很大的变化，对元代以来十分发达的海外贸易进行了严格的控制和垄断，一方面实行海禁政策，严厉禁止民间私人海外贸易；另一方面则从洪武七年（1374）九月罢福建泉州、浙江明州、广东广州三市舶司。③ 对于自动来中国朝贡的国家也严加限制，朝贡的国家从30多个减至10多个。④ 对朝贡的次数和贡品的数量也都加以限制，规定只准"三

---

① 《皇明祖训·祖训首章》史部264册，《四库全书存目丛书》，齐鲁书社1996年版，第167页。

② （明）申时行等：《明会典》卷105《东南夷》上，中华书局1989年排印本，第571页。

③ （明）胡广等：《明太祖实录》卷93，第1620—1621页。

④ 李学民、黄昆章：《印尼华侨史》，广东高等教育出版社1987年版，第54页。

年一贡",超过者被拒绝,认为"人贡既频,劳费太甚,朕不欲也"①。这种限制朝贡的做法虽然节省了朝贡贸易带来的大量国库开支,但是却限制了朝贡国、朝贡的数量和品种。到了明成祖时期则有了明显的改变。

雄才大略且颇具野心的成祖朱棣即位以后,完全打破了其父制定的和平保守的南海经略政策。继位后即采取各项措施积极治国,尤其是在海外贸易方面,一反其父的做法,实行全面开放的政策,积极鼓励海外诸国前来朝贡,以扩大影响。成祖登基后,即遣使诏谕安南、暹罗、爪哇、琉球、日本、西洋、苏门答腊、占城诸国。② 同时下谕旨给礼部诸臣:

> 太祖高皇帝时,诸番国遣使来朝,一皆遇之以诚,其以土物来市易者,悉听其便。或有不知避忌,而误干宪条者,皆宽宥之,以怀远人。今四海一家,正当广示无外,诸国有输诚来贡者听;尔其谕之,使明知朕意。③

---

① (明)胡广等:《明太祖实录》卷53,第1565页。
② (明)胡广等:《明太宗实录》卷12上,第205页。
③ 同上。

永乐元年（1403）十月再次向海外宣布："自今诸番国人愿入中国者听。"① 很明显，成祖的目的就是要招徕外国使者前来朝贡，执行先王柔远人，"厚往薄来"②的政策。明成祖为了打通西洋诸国入贡的海上信道，招徕海外诸国使者前来明朝朝贡，不惜耗费巨资，派郑和、王景弘、侯显等下西洋。明成祖制定的这些积极招徕、放宽贡舶贸易尺度的优惠政策，大大地刺激了南海诸蕃国向明廷进贡的热情与积极性，故永乐及永乐以后诸朝出现了南海国家每年一贡或一年数贡万国咸宾的局面，这种局面一直持续到宣德末结束。正统以后，永乐、宣德时期的强盛国力开始转衰，长期频繁的朝贡贸易给明王朝带来了严重的经济负担。故从正统开始，紧缩永乐、宣德年间的海外开放政策，到正德葡萄牙人东来之前，发达繁盛的海外民间走私贸易已完全取代了明廷的官方朝贡贸易。

在明前期如此宽松的海外政策下，朝贡各国带着自己本国的丰富物资和特产，来到了中国，以同中国结好。黑奴的进贡也是从这个时期开始频繁起来。以下是明代前期南洋各国向明朝入贡黑奴的情况：

---

① （明）胡广等：《明成祖实录》卷24，第435页。
② （清）张廷玉：《明史》卷325，中华书局1974年版，第8424页。

表一　　　明前期南洋各国向明朝入贡黑奴列表

国家	时间	贡物
三佛齐	洪武十年（1377）	贡方物及小番奴一人①
彭亨	洪武十一年（1378）	贡番奴六人及方物②
爪哇	洪武十四年（1381）	贡方物及黑奴三百人③
	洪武十五年（1382）	贡黑奴男女一百一人④
暹罗	洪武二十一年（1388）	贡象三十只及方物、番奴六十人⑤
真腊	洪武二十一年（1388）	贡象二十八只、象奴三十四人、番奴四十五人⑥
安南	洪武二十一年（1388）	贡象四只、象奴三人⑦
占城	洪武二十四年（1391）	贡犀牛、番奴及布⑧
浡泥	永乐四年（1406）	贡方物及黑小厮⑨

从上表可以看出，首先，明前期尤其是洪武年间南洋许多国家来中国朝贡，贡品中除了各种方物之

---

① （明）胡广等：《明太宗实录》卷114，第496页。
② （清）张廷玉：《明史》卷325《外国六》，中华书局1974年版，第8426页。
③ （明）胡广等：《明太祖实录》卷139，第2200页。
④ （明）胡广等：《明太祖实录》卷141，第2225页。
⑤ （明）胡广等：《明太祖实录》卷193，第2893页。
⑥ 同上书，第2904页。
⑦ （明）胡广等：《明太祖实录》卷194，第2917页。
⑧ （明）胡广等：《明太祖实录》卷214，第3157页。
⑨ （明）俞汝楫：《礼部志稿》卷35，文渊阁四库全书本，第655页。

外，还有一种特殊的贡品——黑奴、番奴、象奴以及黑小厮。虽然这些贡品的名称不同，但其实质是一样的，都是入贡国朝贡给明朝以满足中国市场，尤其是满足上流宫廷生活需要的商品——黑人奴仆。其次，有的国家一次入贡黑奴的数量很多，如爪哇，连续两次入贡黑奴，一次"三百人"，一次"男女一百一人"，可以想象他们来中国朝贡的队伍是相当庞大的。再次，在进贡的黑奴中有女黑奴。唐宋时期就有关于进贡女黑奴的记载："马八二国进贡二人，皆女子，黑如昆仑。"① 可见，入贡女黑奴前代早已有之。

除了表一中列出的国家之外，史书中还记载了南洋其他国家入贡黑奴的情况，如满剌加正统十年以后，屡遣使来贡。贡物：番小厮、犀角、象牙……② 番小厮，《岛夷志略》"文诞条"：其地产"黑小厮"。③《西洋朝贡典录》"浡泥条"：其贡物中有"黑小厮"。④ 这两地的"黑小厮"即"番小厮"之类，

---

① （宋）周密：《癸辛杂识》续集下《按摩女子》，中华书局1997年版，第178页。

② （明）黄省曾：《西洋朝贡典录校注》卷上《满剌加国》，谢方校注，中华书局2000年版，第41页。

③ （元）汪大渊：《岛夷志略校释》，苏继庼校释，中华书局1981年版，第175页。

④ （明）黄省曾：《西洋朝贡典录校注》卷上《满剌加国》，谢方校注，中华书局2000年版，第41页。

为当地人劫掠他族幼童贩以为奴者，亦有贩自非洲东岸来之黑人幼童。① 还有一些民间走私贸易中的黑奴贸易，表一中无法表现出来，表一只能代表官方朝贡贸易中的黑奴情况。事实上从唐宋时代起，中国社会即有从海外进养黑奴之风，不仅有"官奴"，而且还有"私奴"。② 因此，明前期入华黑人的数量应该比表中列出的要多。

前面一节提到，入华黑人许多是有专长的，他们各个身怀绝技，有的是乐师，有的是驯象师，还有的充当船上的护卫。明前期东南亚诸国进贡大象的同时，也进贡了许多象奴。

表二　　　　　　明代南洋各国贡象的次数

国名	次数
安南	7次
占城	21次
暹罗	7次
真腊	6次
爪哇	1次
缅甸	32次

---

① （明）黄省曾：《西洋朝贡典录校注》卷上《浡泥国》，谢方校注，中华书局2000年版，第44页。

② ［法］费琅：《昆仑及南海古代航行考》，冯承钧译，中华书局1957年版，第45—51页。

续表

国名	次数
满剌加	3次
老挝	7次

以入贡的大象为例（见表二），占城和缅甸两国进贡象的次数最多，安南、暹罗和老挝其次。如此庞大凶猛的动物，如果没有随之入贡的专门驯象师，明朝的皇帝恐怕也不敢接受。不过南洋诸国考虑得非常周到，他们在进贡大象的同时也入贡了象奴（见表一），目的是解决明廷无法驯养凶猛动物的后顾之忧。《钦定日下旧闻考》载：

> 象初进京，先与射所演习，故谓之演象所。而锦衣卫自有驯象所专管象奴及象。①

"驯象所专管象奴及象"，象又是由象奴来驯养，以供朝会陈列、驾辇、驮宝之事。② 看来，象的用途越来越广了。《山堂肆考》中云：

---

① （清）于敏中、英廉等：《钦定日下旧闻考》卷49，文渊阁四库全书本。
② （清）张廷玉：《明史》卷76，中华书局1974年版，第1862页。

象形虽大，而不胜痛。故人得以数寸之钩驯焉。驯之久者，见象奴来，则低头跪前左膝，人踏之以登，则奋而起行。①

　　看似高大凶猛的大象"见象奴来，则低头跪前左膝"，非常温顺地让象奴骑着前进。这里谈到的象奴其实就是黑人，他们是东南亚的马来土著，是"小黑人"。我们从文献记载中可以发现，在东南亚一带，尤其是越南中部林邑一带居住着这种小黑人。《隋书》卷82《林邑列传》云："其人深目高鼻，发拳色黑。"② 又《晋书》卷97《四夷列传》："（其人）皆倮露徒跣，以黑色为美。"③ 一般来说，明前期东南亚各国入贡给明朝的蕃奴、象奴等其实就是小黑人。不少文献记载了他们的相貌特征，《省愆集》载：

　　金阙钟声曙色开，香飘瑞气蔼蓬莱。前呵传报人争避，黑面番奴驭象来。④

---

① （明）彭大翼：《山堂肆考》卷218《跪膝使登》，文渊阁四库全书本。
② （唐）魏征、令狐德棻：《隋书》卷82，中华书局1982年版，第1832页。
③ （唐）房玄龄等：《晋书》卷97，中华书局1974年版。
④ （明）黄淮：《省愆集》卷下《见成绝句三十八首》，文渊阁四库全书本，第472页。

《古微书》云：

　　在大荒之外，金铁承之皆漏，惟角与瓠叶则否。拘夷山中有流水亦如之。鄜延即延安石油也。以为烟墨松脂不及详注石烛，黑溪在南荒，以其水涂石，象至辄不去昆仑，以此涂身即能乘象如家畜。古所谓黑昆仑今之象奴也。悉唐畔怯见佛书中。①

《天中记》亦云：

　　唐西海岛间水如脂而黑他物盛之，皆滴漏，惟牛角可贮。南海以媒野象涂少许于树叶间，象拂着身必迟回不去。昆仑奴亦涂身，便乘之而归若家畜焉。②

　　这些黑面象奴，有时要以黑色涂身，大象才肯驯服地让他们骑着回家。因为大象认为象奴应该是黑皮

---

① （明）孙瑴：《古微书》卷32，文渊阁四库全书本。
② （明）陈耀文：《天中记》卷9，文渊阁四库全书本。

肤。《通雅》就云：

> 又记一小说龙户在儋耳，其人目睛皆青碧，入水能伏一二日，盖即所谓昆仑奴也。升庵则以象奴为昆仑奴。①

这里"升庵则以象奴为昆仑奴"是没有错的，实际上他们都是进贡到中国的黑人，只不过充当的角色、担任的职务不一样罢了。象奴有时驯象是为了作战，但往往战争中他们成了众矢之的。《明史》《明实录》中多处记载战争中先射象奴尔后取胜的事件，兹择其要者撮录如下：

> 永乐十一年（1413）交趾总兵官英国张辅、黔国公沐晟命军讨贼至顺州，贼党阮帅等屯爱子江设伏，辅等列阵以进，贼亦据昆传山险，分三队拒战，各列象当前，贼众随之。辅策马率众先薄贼左队，冲入中坚，引弓射象奴，仆之，再中象鼻，象遽退走，蹂贼阵。阵乱，指挥杨鸿等奋勇齐进，引强弓射贼，贼大败。②

---

① （明）方以智：《通雅》卷14，文渊阁四库全书本。
② （明）胡广等：《明太祖实录》卷146，第1402页。

（永乐）十一年冬，与晟会顺州，战爱子江。贼驱象前行。辅戒士卒，一矢落象奴，二矢射象鼻。象奔还，自踩其众。神将杨鸿、韩广、薛聚等乘势继进，矢落如雨，贼大败。擒其帅五十六人。追至爱母江，尽降其众。明年正月进至政平州。闻贼屯暹蛮、昆蒲诸栅，遂引兵往。悬崖侧径，骑不得进。①

　　象奴参战，充当引象人，往往会有生命危险，因为战争中，多数情况下是先射象奴，以乱对方阵势，尔后取得战争的胜利。鉴于此，朝廷多次对象奴进行赏赐。《礼部志稿》记载明廷对车里、木邦、缅甸、孟养和孟密等地方的象奴进行赏赐，"象奴、从人每人折钞绵布一疋、绢衣一套，俱与靴韈各一双"②。虽然赏赐品不是很丰厚，但也表明了朝廷对象奴的重视。

　　从上面的论述可以看出，明前期中国境内的黑人大多数是南洋诸国通过朝贡贸易进贡而来的。

---

① （清）张廷玉：《明史》卷154，中华书局1974年版，第4222页。
② （明）俞汝楫：《礼部志稿》卷38《主客司职掌》，文渊阁四库全书本。

第三章　明清文人笔下的入华黑人

第一节　活跃在闽浙海上的黑人

明前期东南亚国家入贡给中国大量的黑人奴仆，到了后期随着朝贡贸易衰落，入贡的黑人数量逐渐减少。然而，中国境内的黑人数量仍居高不下，究其原因是葡萄牙人东来带来了大量的黑人。尤其是在澳门，黑人占了很大比重，逐渐成为澳门社会中极为重要的一分子，从而形成了澳门社会一种特殊而有趣的文化景观。

中国文人笔下最早对黑人的记录来自一位最坚决反对葡萄牙人入华贸易的闽浙大吏——朱纨，在他那部完成于嘉靖二十八年（1549）的《甓余杂集》中，以其亲眼所见，给我们留下了大量随葡萄牙人东来的

"黑人"资料：

……

刘隆等兵船并力生擒哈眉须国黑番一名法哩须；满咖喇国黑番一名沙喱马喇，咖呋哩国极黑番一名，嘛哩丁牛，喇哒许六，贼封直库一名陈四，千户一名杨文辉，香公一名李陆，押纲一名苏鹏。①

又据上虞县知县陈大宾申抄黑番鬼三名口词，内开一名沙哩马喇，年三十五岁，地名满咖喇，善能使船观星象，被佛郎机番每年将银八两雇佣驾船；一名法哩须，年二十六岁，地名哈眉须人，十岁时，被佛郎机买来，在海上长大；一名嘛哩丁牛，年三十岁，咖呋哩人，被佛郎机番自幼买来。……该臣（卢镗）看得前后获功数，内生擒日本倭贼二名，哈眉须、满咖喇、咖呋哩各黑番一名，斩获倭贼首级三颗。窃详日本倭夷，一面遣使入贡，一面纵贼入寇宁绍等府，连年苦于杀虏。……至于所获黑番，其面如漆，见者为

---

① （明）朱纨：《甓余杂集》卷2《捷报擒斩元凶荡平巢穴靖海道事》，四库存目丛书本。

之惊怖，往往能为中国人语。①

又据判官孙爌等报，（嘉靖二十七年）六月十一日，佛郎机夷人大船八只、哨船一十只径攻七都沙头澳，人身俱黑，各持铅子铳、铁镖、弓弩乱放。②

（嘉靖二十七年）八月初三日……陈言所统福兵马宗胜、唐弘臣等合势夹攻，贼众伤死、下水不计，冲破沉水哨番船一只，生擒黑番鬼共帅罗放司、佛德全比利司、鼻昔吊、安朵二、不礼舍识、毕哆啰、哆弥、来奴八名……③

（嘉靖二十七年九月十三日）今佛郎机夷船在大担屿，非回兵与海道夹攻不可。……八月二十八日……贼船计有贼六十余人，内有黑色及白面大鼻番贼七八人，番婆二口。九月二十三日……近获铜佛郎机铳并工匠窦光等到杭，委官监督铸造足用，方行福建一体铸造，仍行按察司查取见监黑鬼番驾驭兴工，此番最得妙诀工料议处回缴。七月十一日，浙江都司呈议，工料缘由

---

① （明）朱纨：《甓余杂集》卷2《议处夷贼以明典刑以消祸患事》，四库存目丛书本。
② （明）朱纨：《甓余杂集》卷3《亟处失事官员以安地方事》，四库存目丛书本。
③ （明）朱纨：《甓余杂集》卷4《三报海洋捷音事》，四库存目丛书本。

批仰候原样至日，对同黑鬼番置造，合用料价，先行布政司议支缴。……缘由批屡见各处铸造佛郎机铳俱不得法，今多得之贼中，盖天厌祸乱耳。依拟作速动支催造，每架铸嘉靖戊申军门取发某卫所字样，以防交通作弊。每完十架，掌印官验报一次。其法炼铜为第一要诀……①

嘉靖二十七年十月初三日……吴大器等擒解佛郎机、暹罗诸番夷贼一十六人……各报称，夷船八只哨船十只于六月十一等日劫掠沙头等澳。……本月初三日晚，探得夷船只在黄崎澳攻劫烧毁房屋……生擒番贼一十八人……打破贼船各二只，内反狱贼二名及番贼三名。……审得陈文荣等积年通番，伙合外夷，先由双屿，继来漳泉，后因官兵追逐，遂于福宁地方沿村打劫，杀人如艾，掳掠子女，烧毁房屋。滨海为之绎骚，远近被其荼毒，神人共愤，罪不容诛。及审诸番，各贼俱凹目黑肤，不类华人。②

（嘉靖二十七年十二月初八日）海道副使魏一恭手本。……泉徽等处贼人见驾大番船四只遁泊马迹潭……十月分十二起：一起拿获海洋番货

---

① （明）朱纨：《甓余杂集》卷9《公移三》，四库存目丛书本。
② 同上。

事……一起敌获海洋贼船器械事。指挥张汉差报信军兵王昔等，于黄大洋遇漳贼三十余人、黑番七八人，对船交战，贼败走。……八月初三日，分督军门调到福建福州左卫指挥使陈言兵船，合势夹攻，贼众伤死下水不计，冲破沉水哨番船一只，生擒黑番鬼共帅罗放司等八名，暹罗夷利引等三名，海贼千种等四名，斩获番贼首级五颗。①

上引七条《甓余杂集》中的资料均提到了"黑人"，或称"黑番"，或称"黑番鬼"。其中有许多对"黑人"的形象描写，如"其面如漆，见者为之惊怖，往往能为中国人语"；"人身俱黑，各持铅子铳、铁镖、弓弩乱放"；"各贼俱凹目黑肤，不类华人"。从上引文中还看出，当时随葡人东来的黑人还有"黑番"与"极黑番"之分，"极黑番"大概是指来自非洲的黑人，而"黑番"则有可能是指印度或东南亚的黑人。据《续吴先贤赞》一书记载，嘉靖二十九年（1550）走马溪一战，被明军抓捕者就有"黑番四十六，皆狞恶异状可骇"②。从上述引文看，葡萄牙人在

---

① （明）朱纨：《甓余杂集》卷4《三报海洋捷音事》，四库存目丛书本。

② （明）王士骐：《皇明驭倭录》卷5，四库存目丛书本。

闽浙沿海通商时就已经大量役使黑人，这些黑人成为葡萄牙人的得力助手，他们不仅能帮助葡萄牙人驾船，充当对华贸易的翻译，而且能充当铳手，还帮助葡人铸造佛郎机铳等。

早期葡人来华的贸易船只上均有黑人，这在葡人文献中亦有记载。《末儿丁·甫思·多·灭儿致函国王汇报中国之行情况》记录，1522年，葡船离开马六甲前往中国时，"他们（指葡人——引者注）流窜、染病、死亡，因此得花钱请当地的黑人驾船，协助航行"①。平托《远游记》记载，1542年，法里亚率两艘船出发前往卡伦普卢伊岛（Calempluy），船上有146人，其中有"42个奴隶"②，这42个奴隶应是黑人。如果再看看保存于日本的南蛮屏风画，更可看出在16世纪前期从印度到中国到日本航线上活跃着为数不少的黑人。③从屏风画中可以看出每年从澳门抵达长崎的"黑船"上不仅有白色的葡萄牙人，还有深

---

① 葡萄牙国家档案馆总督函档第153号《末儿丁·甫思·多·灭儿致函国王汇报中国之行情况》，载金国平《西方澳门史料选粹（15—16世纪）》，广东人民出版社2005年版，第37—38页。

② ［葡］费尔南·门德斯·平托：《远游记》上册，金国平译，葡萄牙大发现纪念澳门地区委员会、澳门基金会、澳门文化司署、东方葡萄牙学会1999年版，第205页。

③ ［德］R. 普塔克：《澳门的奴隶买卖和黑人》，关山译，《国外社会科学》1985年第6期。

肤色的非洲人。这些黑人为其主人撑着大伞遮挡太阳。

第二节　澳门开埠后的黑人

澳门开埠后，进入澳门地区的黑人也成为中国人笔下最引人注目的描写对象。澳门开埠不到十年，安徽人叶权即游澳（1565年），他在澳门目击了葡萄牙人外出，"随四五黑奴，张朱盖，持大创棒长剑"① 的情景。而且观察到：

> （葡萄牙人）役使黑鬼。此国人贫，多为佛郎机奴，貌凶恶，须虬旋类胡羊毛，肌肤如墨，足趾跣洒长大者殊可畏。……亦有妇人携来在岛，色如男子，额上施朱，更丑陋无耻，然颇能与中国交易。②

这应是对开埠之初进入澳门的黑人第一次记录。据叶权的记录，在澳门不仅有男黑奴，也有女黑奴。他们均为葡人之奴隶。叶权特别提到那些相貌丑陋的

---

① （明）叶权：《贤博编》，中华书局1987年版，第45页。
② 同上书，第46页。

女黑奴，却"颇能与中国交易"，从其"额上施朱"来判断她们应是印度人。女黑奴参加对中国的贸易，这一点似乎在其他文献中找不到相同的记载。

第二位是万历年间曾在广东担任布政使的蔡汝贤，万历十四年（1586），他在其著作《东夷图说》中有一段黑人的描述：

> 黑鬼即黑番奴，号曰黑奴。言语嗜欲，不通性悫，无他肠，能捍主。绝有力，一人可负数百斤。临敌不畏死，入水可经一二日。尝见将官买以冲锋，其直颇厚，配以华妇，生子亦黑。久蓄能晓人言，而自不能言，为诸夷所役使，如中国之奴仆也，或曰猛过白番鬼云。①

蔡汝贤笔下的黑奴勇猛善战，被"将官买以冲锋"；他们忠厚老实，为"诸夷所役使"；夷主还会给他们"配以华妇"，以解决他们的婚姻问题。黑奴的勇猛有时连葡萄牙人也比不上，因此便有"猛过白番鬼"的说法。

第三位是万历十九年（1591）到澳门的王临亨，

---

① （明）蔡汝贤：《东夷图说》之《黑鬼》篇，北京图书馆藏明万历刻本。

其《粤剑编》卷3载：

> 番人有一种，名曰黑鬼，遍身如墨，或云死而验其骨亦然。能经旬宿水中，鱼虾，生啖之以为命。番舶渡海，多以一二鬼相从，缓急可用也。有一丽汉法者，谳于余，状貌奇丑可骇。侍者为余言：此鬼犴狴有年，多食火食，视番舶中初至者皙白多矣。然余后谳狱香山，复见一黑鬼，禁已数年，其黑光可鉴，似又不系火食云。①

黑奴的水性极好，他们常常被用来充当船上的水手，因此"番舶渡海，多以一二鬼相从，缓急可用也"。这种水性很好的黑人，应该是东南亚海岛诸国随葡人入华者，他们长年生长于海浪之中，故水性极好，与中国广东沿海的疍民、卢亭之类极相似。

第四位对澳门黑人进行描述的是明代的王士性，其著作《广志绎》大约完成于万历二十五年（1597），书中提到：

> 又番舶有一等人名昆仑奴者，俗称黑鬼，满身漆黑，止余两眼白耳，其人止认其所衣食之主

---

① （明）王临亨：《粤剑编》卷3，中华书局1987年版，第92页。

人，即主人之亲友皆不认也。其生死惟主人所命，主人或令自刎其首，彼即刎，不思当刎与不当刎也。①

黑人的忠实可靠是各国夷主最为信任的，他们能为主人赴汤蹈火，而且"惟主人所命"，主人对其有生杀予夺的权力，主人令他们"自刎"，他们只有听之任之，别无选择，当然也不可能去思考应当不应当去"自刎"。以上四位文人，先后记录了澳门的黑人，他们对澳门黑人的描述虽然不尽相同，但能说明一点，澳门的黑人同"诡形异服"的葡萄牙人一样，已经成为澳门街头一道引人注目的亮丽风景线。

此后，各类文献对澳门黑人这一特殊的异质文化景观均做了各种不同的描述。明万历末年，庞迪我、熊三拔奏疏：

> 至于海鬼黑人，其国去中国六万里，向来市买服役，因西土诸国，无本国人为奴婢者，不得不用此辈。然仅堪肩负力使，别无他长，亦无知识，性颇忠实，故可相安。即内地将官，间亦有收买一二，充兵作使者。其人物性格，广人所习

---

① （明）王士性：《广志绎》卷4，中华书局1981年版，第101页。

也。果系恶夷，在诸商尤为肘腋之患，独不自为计邪。①

入清以来，不少文人雅士也来到澳门，亦对澳门的黑人进行了描述。清初到澳门的屈大均记载澳门黑人：

……

其侍立者，通体如漆精，须发蓬然，气甚腥，状正如鬼，特红唇白齿略似人耳。所衣皆红所罗绒、辟支缎，是曰鬼奴。语皆侏离不可辨。②

这是屈氏对身着红衣的葡萄牙贵族家内黑人仆役的描绘。康熙二十二年（1683）工部尚书杜臻巡视澳门记其事云：

予至澳，彼国使臣率其部人奏番乐以迎入，其乐器有觱篥、琵琶，歌声咿喔不可辨。……侍童有黑白二种，白者曰白鬼，质如凝脂，最雅

---

① ［比］钟鸣旦：《徐家汇藏书楼明清天主教文献》第1册《奏疏》，辅仁大学出版社1996年版。

② （清）屈大均：《广东新语》卷2《澳门》，中华书局1985年版，第37页。

靓，惟羊目不眴，与中国人异。黑者曰黑鬼，绝丑怪，即所谓昆仑波斯之属也。白者为贵种，大率皆子弟。黑鬼种贱，世仆隶耳。①

雍正七年（1729）焦祁年《巡视澳门记》也载：

雍正七年十二月，将有事与澳门。……初八日，至前山寨，都司守之。……彝有黑白鬼二种，白贵而黑贱，蝟须魋结发，各种种，帽三角，短衣五色不等，扣累累如贯珠。咸佩刃，鞾拖后齿，绷胫上。②

杜臻和焦祁年先后来到澳门巡视，杜臻记录的澳门奴仆分黑、白两种，而焦祁年的记载则侧重黑奴衣着方面的描述，对黑人的外貌则着墨不多，只一句"蝟须魋结发"而已。乾隆时，印光任和张汝霖两位官员在澳门任职期间撰写了中国第一部系统介绍澳门的著作——《澳门记略》。其中有很大篇幅写到了澳门的黑人：

---

① （清）杜臻：《粤闽巡视纪略》卷2，孔氏岳雪楼影钞本。
② （清）焦祈年：《巡视澳门记》，（清）郝玉麟修《（雍正）广东通志》卷62《艺文志四》，文渊阁四库全书本。

……

其通体黝黑如漆，特唇红齿白，略似人者，是曰鬼奴。明洪武十四年，爪哇国贡黑奴三百人。明年，又贡黑奴男女百人。唐时谓之昆仑奴，入水不眠目，贵家大族多畜之。《明史》亦载和兰所役使名乌鬼，入水不沉，走海面若平地。粤中富人亦间有畜者。绝有力，可负数百斤。生海外诸岛，初至时与之火食，累日洞泄，谓之换肠，或病死；若不死即可久畜，渐为华语。须发皆卷而黄。其在澳者，则不畜须发。女子亦具白黑二种，别主奴。凡为户四百三十有奇，丁口十倍之。……男女杂坐，以黑奴行食品进。……食余，倾之一器，如马槽，黑奴男女以手抟食。……黑奴男女皆为衣布。……屋多楼居……己居其上，而居黑奴其下。……凡庙所奉天主，有诞生图、被难图、飞升图。……出游率先夕诣龙松庙，迎像至本寺，燃灯达旦，澳众毕集，黑奴舁被难像前行，蕃童诵咒随之。①

《澳门记略》中对黑人的描绘非常之生动，对他

---

① （清）印光任、张汝霖：《澳门记略》卷下《澳蕃篇》，澳门文化司署1992年版。

们的外貌、衣着、服饰以及他们的饮食习惯都有所涉及。而且在一些节日出游时,黑奴没有因为身份低下而被排斥在外,相反他们还承担了一项神圣的任务,在出游时"舁被难像前行"。清代关于黑人的记载很多,尤其是乾、嘉、道三朝,人们的目光始终没有离开黑人这样一种别样的文化景观。《皇清职贡图》卷1载:

> 夷人所役黑鬼奴,即唐时所谓昆仑奴。明史亦载,荷兰所役名乌鬼,生海外诸岛,初至与之火食,累日洞泄,谓之换肠;或病死,若不死,即可久畜。通体黝黑如漆,惟唇红齿白,戴红绒帽,衣杂色粗绒,短衫,常握木棒。妇项系彩色布,袒胸露背,短裙无袴,手足带钏,男女俱结黑革条为履,以便奔走。夷人杂坐,以黑奴进食,食余,倾之一器,如马槽。黑奴男女以手抟食。夷屋多层楼,处黑奴于下。若主人恶之,锢其终身,不使匹配,示不蕃其类也。①

赵翼《檐曝杂记》卷4《诸番》中则载:

---

① (清)傅恒:《皇清职贡图》卷1,辽沈书社1991年版。

广东为海外诸番所聚。有白番、黑番，粤人呼为"白鬼子""黑鬼子"。白者面微红而眉发皆白，虽少年亦皓如霜雪。黑者眉发既黑，面亦黔，但比眉发稍浅，如淡墨色耳。白为主，黑为奴，生而贵贱自判。黑奴性最悫，且有力，能入水取物，其主使之下海，虽蛟蛇弗避也。古所谓"摩诃"及"黑昆仑"，盖即此种。某家买一黑奴，配以粤婢，生子矣，或戏之曰："尔黑鬼，生儿当黑。今儿白，非尔生也。"黑奴果疑，以刀斫儿胫死，而胫骨乃纯黑，于是大恸。始知骨属父，而肌肉则母体也。①

汤彝《盾墨》卷4《澳门西番》则云：

澳门，一名濠镜，隶香山县。……至国初，已尽易大西洋、意大里亚人，迄今二百年，孳育蕃息，其户口三千有奇，白主黑奴。……夷人所役之黑鬼奴，即唐时所谓昆仑奴，明时名乌鬼，生海外诸岛，通体如漆。夷人杂坐，以黑奴进食。食余倾之一器，如马槽，黑奴男女以手抟

---

① （清）赵翼：《檐曝杂记》卷4《诸番》，中华书局1982年版。

食。夷屋多层楼，处黑鬼于下。①

可见，从明至清的大批中国士大夫对澳门关注的焦点始终没有离开黑人这个主题。明清时期不少文人的诗集中，都能找到关于澳门黑人的描述。朱纨《甓余杂集》卷10《海道纪言》：

……

> 黑靑本来魑魅种，皮肤如漆发如卷。跷跳搏兽生能啖，战斗当羆死亦前。野性感谁恩豢养，贼兵得尔价腰缠（此类善斗，罗者得之，养驯以货贼船，价百两数十两）。②

朱纨记录的是澳门开埠前活跃在闽浙沿海的黑人，把黑人英勇善战的形象描绘得十分生动，且记录了当时买卖黑人的市场价格为"百两、数十两"不等。凌云翰《柘轩集》还记载了观赏黑人跳舞的情景：

---

① （清）汤彝：《盾墨》卷4《澳门西番》，续修四库全书本。
② （明）朱纨：《甓余杂集》卷10《海道纪言》之《望归九首》，四库存目丛书本。

绮筵烛艳歌停哗，春酒凝香碧霞重。蕃童旋舞忽当前，头戴银瓶高不动。银瓶花烂雪色新，俯仰之间如有神。岂知头容自正直，欹侧愁杀旁观人。拳毛蒙茸衬瓶底，宛转低徊舒四体。眼看明月下昆仑，一片黑云飞不起。使君好课酒漏卮，传令更舞君莫辞。手中匕箸犹有失，头上银瓶高一尺。①

屈大均《翁山诗外》卷16《广州竹枝词》中云：

十字钱多是大官，官兵枉向澳门盘。东西洋货先呈样，白黑番奴捧白丹（注：白丹，番酋也）。②

尤侗《荷兰竹枝词》亦说：

和兰一望红如火，互市香山乌鬼群。十尺铜盘照海镜，新封炮号大将军。③

---

① （明）刘嵩：《槎翁诗集》卷4《夜宴王召南席上，观黑厮旋舞，胡饼歌》，文渊阁四库全书本。
② （清）屈大均：《翁山诗外》卷16《广州竹枝词》，人民文学出版社1995年版。
③ （清）尤侗：《西堂全集》第11册《外国竹枝词》，康熙刊本。

两首竹枝词都描写了黑人参加澳门葡人对外贸易的活动。康熙十九年（1680）来澳门圣保禄学院修道的吴历在澳门生活了近三年，在他的《岙中杂咏》中写道：

> 黄沙白屋黑人居，杨柳当门秋不疏。夜半蜑船来泊此，斋厨午饭有鲜鱼。（黑人俗尚淡黑为美。鱼有鲥鳙两种，用大西阿里袜油炙之，供四旬斋素。）①

> 腊候山花烂熳开，网罗兜子一肩来。卧看欲问名谁识，开落春风总不催。（花卉四时俱盛，游舆如放长扛箱。两傍窗入，偃卧。尊富者雕漆巧花，居常者网罗一兜，以油布覆之，两黑人肩走。）②

> 百千灯耀小林崖，锦作云綵蜡作花。妆点冬山齐庆赏，黑人舞足应琵琶。（冬山以木为石骨，以锦作为山峦；染蜡红蓝为花树状，似鳌山，黑人歌唱舞足与琵琶声相应。在耶稣圣诞前

---

① （清）吴历：《三巴集》，《岙中杂咏》第3首，小石山房丛书本。
② （清）吴历：《三巴集》，《岙中杂咏》第11首，小石山房丛书本。

后。)①

从"黄沙白屋黑人居"这句诗中可以看出黑人在澳门社会中已经形成了一个群体,他们聚居在一起,有时会一起娱乐。他们的乐感很强,会应着琵琶声而手舞足蹈,因此吴历描述到"黑人舞足应琵琶"。张汝霖《澳门寓楼即事》中也写到黑人:

……

居岂仙人好,家徒乌鬼多。移风伤佩觿,授业喜书蝌。富已输真腊,恩还戴不波。须知天泽渥,榷算止空舸。……②

夏之蓉《半舫斋诗钞》卷9《澳门》篇中载:

……

野屋袅孤烟,岛屿相掩映。鬼奴形模奇,跂踵而交胫。藉此法王寺,阴森设椎柄。③

---

① (清)吴历:《三巴集》,《岙中杂咏》第27首,小石山房丛书本。
② (清)印光任、张汝霖:《澳门记略》卷下《澳蕃篇》,澳门文化司署1992年版。
③ (清)夏之蓉:《半舫斋诗钞》卷9《澳门》,乾隆三十六年刻本。

黑人的形体总体来说是很奇怪的，"形模奇，跂踵而交胫"，难以想象出他们那怪异的样子。不同时代均有文人对澳门黑人的诗歌描述，澳门黑人亦成为中国文人文学作品中的关注对象。

第四章　澳门黑人的来源和数量

第一节　澳门黑人的来源

明清时期澳门"黑人"的来源是多方面的，主要来自东南部非洲（包括西北非之佛得角群岛）、伊朗（主要指霍尔木兹）、印度（主要指科罗曼德尔 Coromandel）及马拉巴尔、孟加拉国、马六甲及帝汶。其中来自东南非洲是明清时期澳门"黑人"中最主体的部分，且从 16 世纪直到 19 世纪中叶，非洲黑人一直是澳门"黑人"的主体，其次是印度"黑人"，再次是帝汶"黑人"。马六甲"黑人"主要是在澳门开埠初期的一段时间进入，而帝汶"黑人"主要在 18 世纪中后期才进入澳门。至于孟加拉国"黑人"进入澳门的人数不多，在文献中仅见一次记录。

一　来源于东南部非洲的"黑人"

R. 普塔克教授认为："葡萄牙人的奴隶大多数来自非洲。"他还说："在澳门的所有人种中，黑人的社会地位是最低下的。他们大都是来自非洲，几乎没有受过教育，只从事简单的体力劳动，如作水手、手工业者的帮徒，或者充当 moços。"① 普塔克教授的结论是有根据的。文德泉神父称，澳门自开埠之初即有非洲"黑人"，据 1584 年的记载，澳门耶稣会院就有 19—29 名非洲奴仆。② 万历年间，西洋传教士庞迪我、熊三拔向神宗皇帝上书解释澳门养奴之事称："至于海国黑人，其国去中国六万里，向来市买服役。"③ 这"其国去中国六万里"之国当指东部非洲国。崇祯三年（1630）从澳门组织的 360 名雇佣军中，其中 100 人即是被称为"黑奴"的"非洲人和印度人"④。根

---

① ［德］R. 普塔克：《澳门的奴隶买卖和黑人》，关山译，《国外社会科学》1985 年第 6 期。

② Pe. Manuel Teixeira, *O Comércio de Escravos em Macau*, Macau: Imprensa Nacional, 1976, p. 6.

③ ［比］钟鸣旦：《徐家汇藏书楼明清天主教文献》第 1 册《奏疏》，辅仁大学出版社 1996 年版。

④ ［英］米歇尔·库珀：《"通辞"罗德里格斯》，松本玉译，原书房 1991 年版，第 325 页（此日文本系由刘小珊教授译为汉文）。（明）韩云《战守惟西洋火器第一疏》及（明）韩霖《守圉全书》卷 3 之一，第 109 页（台湾"中研院"傅斯年图书馆善本室藏明刊本）中提到的"黑奴"即西文中的"非洲人及印度人"。

据一份1773年的葡文资料，澳门居民由四部分组成：出生在葡萄牙的葡萄牙人、出生在印度的葡萄牙混血儿、华人基督徒、非洲和帝汶的奴隶。① 从中可以看出，非洲黑人奴隶已成为澳门社会的主要组成部分之一。就是到澳门黑人衰减的清中期，"天主教徒和印度商人还是积极参加奴隶贸易，1780—1830年每年约有200个至250个非洲人被运往葡属印度和澳门"。以两地平分，则澳门在1780—1830年每年均可增加100—125个非洲黑奴。据Rudy Bauss公布的18世纪的资料称，澳门的非洲人占了白人和黑人总人口数的33%。可以证明，非洲黑奴在澳门总人口中占有相当大的数量。

澳门的非洲"黑人"中有一种被称为"咖呋哩"的人最多。咖呋哩，即今译之卡菲尔（Kaffir），《中非关系史》认为是欧洲人对一部分南非班图人的称呼。② 普塔克认为："cafres"不仅是指非洲人，而且也包括其他深肤色人种的人在内，如孟加拉人。③ 金国平则释义为："咖呋哩国"葡语作"Cafraria"，不

---

① A. M. Martins do Vale, *Os Portugueses em Macau (1750—1800)*, Instituto Português do Oriente, 1997, p. 130.
② 艾周昌、沐涛：《中非关系史》，华东师范大学出版社1996年版，第128页。
③ ［德］R. 普塔克：《澳门的奴隶买卖和黑人》，关山译，《国外社会科学》1985年第6期。

指具体某国，而是东非黑人地区的泛称。① 各家解释歧异，笔者以为金国平所言较确。

咖呋哩国的黑人作战勇敢，因此葡人特别喜欢役使他们。1622年澳门反击荷兰入侵战争中，葡萄牙人喜欢给卡菲尔奴隶大量饮酒、吸鸦片，使这些卡菲尔奴隶勇敢作战，并战胜了荷兰人。② 耶稣会士鲁日满（Francois de Rougemont）称："在战斗里，这些士兵中表现最勇敢的是咖呋哩（os Cafres）人。"③ 1635年，澳门"有850个有家室的葡萄牙人……他们平均有6个武装奴隶。其中数量最大、最优秀的是咖呋哩（cafre）人，还有其他族人"④。

1637年，《彼特·蒙迪游记》记录："澳门男奴隶大多数是鬈头发的卡菲尔人。"⑤《蒙迪游记》还记载，澳门一种主要流行于葡萄牙和西班牙民族中的骑术和投球的游戏中，"每个骑士都有卡菲尔黑奴为自

---

① 金国平、吴志良：《郑芝龙与澳门——兼谈郑氏家族的澳门黑人》，《海交史研究》2002年第2期。
② ［印］桑贾伊·苏拉马尼亚姆：《葡萄牙帝国在亚洲1500—1700：政治和经济史》，何吉贤译，纪念葡萄牙发现事业澳门地区委员会1997年版，第238页。
③ 金国平、吴志良：《郑芝龙与澳门——兼谈郑氏家族的澳门黑人》，《海交史研究》2002年第2期。
④ 同上。
⑤ Peter Mundy, *The Travels of Peter Mundy, in Europe and Asia, 1608—1667*, Nenclelm, Rraus Reprit Ltd, 1967, pp. 264—268.

己传递泥球"①。1640年澳门出使日本的人员中有3名随行的卡菲尔奴隶。②1771年一位在澳门的匈牙利人看到了一些来自加纳利群岛的卡菲尔人。③曾于1829—1833年在澳门居住的美国姑娘哈丽特·洛（Harriet Low）在日记中提到，1831年8月17日，她在非洲卡菲尔奴仆的武装护卫下步行去欣赏歌剧。④文德泉神父的书中还提到非洲卡菲尔奴仆参加1833年新年庆祝活动的情景，这些奴隶为总督提供各种服务。⑤可见，葡人出行，卡菲尔黑奴常伴其左右。1840年，澳门土生葡人多明戈斯·皮奥·马贵斯（Domingos Pio Marques de Noronha e Castelo Branco），其遗产清单罗列的七名奴隶中就有两名卡菲尔人，一个是40岁的Félix，另一个是50岁的Rita。他们的籍贯明确标明他们是卡菲尔人（cafre）。⑥

---

① Peter Mundy, *The Travels of Peter Mundy, in Europe and Asia, 1608—1667*, Nenclelm, Rraus Reprit Ltd, 1967, pp. 264–268.

② Pe. Manuel Teixeira, *O Comércio de Escravos em Macau*, Macau: Imprensa Nacional, 1976, p. 10.

③ Ibid..

④ [葡] 罗热里奥·米格尔·普戈：《从哈丽特·洛（希拉里）的日记看19世纪澳门性别的社会生活》，《澳门公共行政杂志》2002年第2期，第473页。

⑤ Pe. Manuel Teixeira, *O Comércio de Escravos em Macau*, Macau: Imprensa Nacional, 1976, p. 11.

⑥ 李长森：《澳门土生族群研究》，博士学位论文，暨南大学，2005年，第278—279页。

非洲的莫桑比克因长期作为葡萄牙的东方属地和居留地，也成为澳门黑人奴隶的重要来源地。法国学者贡斯当的著述中提到：

> 自16世纪以来，葡萄牙便习惯于将莫桑比克的黑人运到澳门，为到那里住冬的驻穗欧洲人充当仆人。①

18世纪后，欧洲各国东印度公司均在澳门设立商馆或办事处，其所役使之黑奴来自非洲东南部的莫桑比克。《瀛环志略》云：

> 澳门各夷馆所用黑奴，皆从此土（指莫三鼻给）贩。②

"莫三鼻给"即今之莫桑比克（Mozambique）。Rudy Bauss 的一份调查中也写道：（澳门）黑人一部分来自莫桑比克。18世纪中期成书的《中国和日本》一书中记载，当时澳门尚有许多"黑人"，其中不少

---

① 耿昇：《贡斯当与〈中国18世纪广州对外贸易回忆录〉》，《暨南史学》2003年第2辑。
② 徐继畬：《瀛环志略》卷8，上海书店出版社2001年版，第256页。

是莫桑比克人。① 可见，18 世纪后澳门来自莫桑比克的黑奴在澳门总人口中占有不小的比例。

普塔克甚至还认为，在来自非洲的"黑人"中，有许多人是来自非洲西北部的佛得角群岛，他说，按照一些语言学家的看法，澳门葡人所讲的那种"澳门语"是受佛得角群岛语言的影响。② 以此为依据，可以旁证澳门有不少从佛得角群岛来的黑人。

二 来自霍尔木兹的"黑人"

早期来华的黑奴有来自霍尔木兹者。《甓余杂集》卷2："刘隆等兵船并力生擒哈眉须国黑番一名法哩须。"③ "又据上虞县知县陈大宾申抄黑番鬼三名口词，（其中）一名法哩须，年二十六岁，地名哈眉须人，十岁时，被佛郎机买来，在海上长大。"④ 卷 5 提到的"四十六名黑番鬼"中也有一名来自哈眉须。⑤ 与"哈

---

① Pe. Manuel Teixeira, *Macau Através dos Séculos*, Macau, 1977, p. 24.

② [德] R. 普塔克：《澳门的奴隶买卖和黑人》，关山译，《国外社会科学》1985 年第 6 期。

③ （明）朱纨：《甓余杂集》卷 2《捷报擒斩元凶荡平巢穴靖海道事》，四库存目丛书本。

④ （明）朱纨：《甓余杂集》卷 2《议处夷贼以明典刑以消祸患事》，四库存目丛书本。

⑤ （明）朱纨：《甓余杂集》卷 5《六报闽海捷音事》，四库存目丛书本。

眉须"音近者有《郑和航海图》中的哈甫泥,即东非之哈丰角(C. Hafun,又作 Ras Xaafuun);① 还有马鲁古群岛(Kep. Maluku)的主要岛屿哈马黑拉岛(Pulau Halmahera)音亦相近;但将对音和史实结合起来看,霍尔木兹(Hormus)是最为接近的。1505 年,葡萄牙人就试图建立一系列据点,后来逐渐在基卢瓦、霍尔木兹、果阿和卡纳诺尔都建立了重要的据点。② 因此,随葡萄牙人东来的黑人中部分来自霍尔木兹就很有可能。《古代南海地名汇释》对中 Hormuz 的释义为:"亦作 Hormus、Ormus,《马可波罗行记》作 Ormuz,《南海志》作阔里抹思,《元史·西北地附录》作忽里模子,《异域志》作虎六母思,黄溍《海运千户杨枢墓志铭》作忽鲁模斯……《元史·阿儿思兰传》之哈儿马某,或以为'某'为'其'之讹,哈儿马其为忽鲁模斯之异译。今作霍尔木兹,属伊朗。"③ 其解释中已有译名"哈"和"某"的成分,"某"又和"眉"很近,因此解释为 Hormus 不无道理。据葡文资料,1550 年前后,霍尔木兹曾居住着大

---

① 向达:《郑和航海图》,中华书局 2000 年版,第 27 页。
② [印]桑贾伊·苏拉马尼亚姆:《葡萄牙帝国在亚洲 1500—1700:政治和经济史》,何吉贤译,纪念葡萄牙发现事业澳门地区委员会 1997 年版,第 79 页。
③ 陈佳荣、谢方、陆峻岭:《古代南海地名汇释》,中华书局 1986 年版,第 949 页。

约 150 名葡萄牙人和"黑人居民"。① 据博卡罗的解释,这里的"黑人"指"黑种已婚居民",即"当地的土著人"。上面这些来自哈眉须(Hormus)的黑奴当亦是当地土著人。

三 来自印度的"黑人"

17 世纪时,葡萄牙人将印度人分为两种,一种称为"伊斯兰教摩尔人",另一种称为"非犹太教的黑人"。这种"黑人肤色浅黑,具有其他人所没有的智慧、他们有一个恶习,他们是优秀的窃贼。黑色非犹太人毫不吝惜自己的体力,可以成为一个很好的仆人"②。澳门的印度黑人当是这种"非犹太教的黑人"。不仅葡萄牙人将印度人视为"黑人",美国人也将印度人称为"黑人"。据哈丽特·洛日记记录:"在澳门,葡萄牙人常常与来自印度的混血女子结婚……马尔顿太太及两位威廉斯家小姐从加尔各答来,他们具有一半种姓血统,肤色相当深……我们应该叫他们为黑人。"③《历史上的澳门》中载:"到 1563 年,已有

---

① [印]桑贾伊·苏拉马尼亚姆:《葡萄牙帝国在亚洲 1500—1700:政治和经济史》,何吉贤译,纪念葡萄牙发现事业澳门地区委员会 1997 年版,第 83 页。

② 同上书,第 238 页。

③ [葡]罗热里奥·米格尔·普戈:《从哈丽特·洛(希拉里)的日记看 19 世纪澳门性别的社会生活》,《澳门公共行政杂志》2002 年第 2 期,第 463 页。

900葡萄牙人（儿童不计在内），此外还有几千名满刺加人、印度人和非洲人，他们主要充当从事家务的奴隶。"① 徐萨斯的记载中谈到16世纪时澳门就有印度人充当奴隶。1564年到澳门的叶权看到葡萄牙人役使黑人，其中也有女黑奴，她们"色如男子，额上施朱，更丑陋无耻"②，从其"额上施朱"来判断，应是印度女人。可见，澳门开埠之初即有来自印度的黑奴。耶稣会档案资料称：

> 咖呋哩（Cafrinhos）人在友爱、随和及简朴方面超过那里的孟加拉人、马拉巴尔人、卡那林人及其他种族……他们是来自澳门城的众多黑人。③

马拉巴尔人、卡那林人均属葡属印度的地方，故知这里的"黑人"也是来自印度。何大化《中国年札》一书中亦有资料称：

---

① ［葡］徐萨斯：《历史上的澳门》，黄鸿钊、李保平译，澳门基金会2000年版，第32页。
② （明）叶权：《贤博编》，中华书局1987年版，第46页。
③ ［葡］何大化：《中国年札》，东方葡萄牙学会、葡萄牙国立图书馆1998年版，第167页。转引自金国平、吴志良《郑芝龙与澳门——兼谈郑氏家族的澳门黑人》，《海交史研究》2002年第2期。

> 在那里（澳门）他（郑芝龙）得知了葡萄牙人勇敢的消息，其次是咖呋哩及印度所有王国的黑人。①

可见，当时来澳门的印度黑奴不仅是马拉巴尔、卡那林，而且是"印度所有王国的黑人"。一部分中文文献中的摩卢（或作谟鲁）人也指印度的黑人。道光时潘有度《西洋杂咏》中曾提到：

> 头缠白布是摩卢（摩卢，国名。人皆用白布缠头）。黑肉文身唤鬼奴。供役驶船无别事，倾囊都为买三苏（夷呼中国之酒为三苏。鬼奴岁中所获，倾囊买酒）。②

《林则徐日记》则云：

> 须本多鬈，乃或薙其半，而留一道卷毛，骤见能令人骇，粤人呼为鬼子，良非丑诋。更有一

---

① ［葡］何大化：《中国年札》，东方葡萄牙学会、葡萄牙国立图书馆1998年版，第166页。转引自金国平、吴志良《郑芝龙与澳门——兼谈郑氏家族的澳门黑人》，《海交史研究》2002年第2期。

② （清）潘义增、潘飞声：《番禺潘氏诗略》第2册《义松堂遗稿》之潘有度《西洋杂咏》，光绪二十年刻本。

种鬼奴,谓之黑鬼,乃谟鲁国人,皆供夷人使用者,其黑有过于漆,天生使然也。①

两处都描写了供葡萄牙人役使的黑人,且其体黑,相貌丑陋。摩卢当即谟鲁。摩卢人葡文为 Mouro,英文作 Moor,今译摩尔人。其词源是拉丁语 maurrus。原始语义是异教徒。在葡语中有两个基本的意思,一是不信基督教的土著,二是伊斯兰教徒,尤其是指北非和统治伊比利亚的穆斯林。在葡属印度,用于指不信基督教的土著或穆斯林。上引被称之"黑鬼"的摩卢(谟鲁)人应指不信基督教的土著,也就是前言之"非犹太教的黑人"。澳门的印度"黑人"除为奴仆者外,还有一部分是服役当兵,崇祯三年(1630)组建支援明朝的100名黑人部队中就有一部分是印度人。② 1784年,在澳门组建一个连队,其中主体就是100名印度叙跋兵(Sepoys)。③ 在澳门有个摩罗园(Mouros),原来是从葡属印度招雇来的土著兵的军营,印度收回葡属印度后,改从非洲招兵。摩卢人,具体就是指葡萄牙人从葡

---

① 陈胜粦:《林则徐日记》,道光十九年七月二十六日,载陈树荣《林则徐与澳门》,澳门1989年刊本。
② [英]米歇尔·库珀:《"通辞"罗德里格斯》,松本玉译,原书房1991年版,第325页。
③ [瑞]龙斯泰:《早期澳门史》,东方出版社1997年版,第65页。

属印度如果阿、柯钦等地带来的当地土著黑人。嘉庆十七年八月二十八日禀文也曾提到澳门一名嚤嚧鬼酒醉后到街上店铺闹事,后被其主人带回去处置。① 此嚤嚧鬼就是摩卢人。18 世纪后期来广州、澳门的 Mouro 或 Moor,却是葡属或英属印度殖民地的土著民,其人以白布缠头,如《西洋杂咏》中提到的"头缠白布是摩卢"。但须注意的是,还有一部分称为"白头摩啰"或"港脚白头夷"者却不是在澳门为奴者,他们是居住在印度的巴斯人,他们大都是从事海上贸易的商人,其所奉者为袄教。故《瀛环志略》云:"粤东呼(波斯)为大白头,呼印度为小白头。两地皆有白布缠头之俗,因以为名者也。"② 大白头为巴斯人,袄教徒;小白头为印度非基督教土著及穆斯林。

四 来自孟加拉国的"黑人"

据载,16 世纪输入到果阿的奴隶大部分来自孟加拉国、中国和日本。17 世纪初果阿的奴隶大部分来自远东、孟加拉国及东非三个地区,③ 可见孟加拉国奴

---

① 刘芳辑:《葡萄牙东波塔档案馆藏清代澳门中文档案汇编》,章文钦校,澳门基金会1999年版,第328页。
② 徐继畬:《瀛环志略》卷3,上海书店出版社2001年版。
③ [印]桑贾伊·苏拉马尼亚姆:《葡萄牙帝国在亚洲1500—1700:政治和经济史》,何吉贤译,纪念葡萄牙发现事业澳门地区委员会1997年版,第237页。

隶在果阿数量很大，而在澳门数量相应要少很多。我们仅在何大化《1643年华南耶稣会年札》中看到澳门城的黑人有孟加拉国人。①

五 来自马六甲的"黑人"

在葡萄牙人控制的东方殖民据点中，马六甲是离澳门地缘最近的基地，故与澳门的关系亦表现最为密切。葡萄牙人将马六甲土著人称"黑人"，《明史·满剌加传》载："（其地）男女椎髻，身体黝黑。"② 平托《远游记》记载满剌加时，多次提到马六甲的"黑人"③，朱纨《甓余杂集》卷2称：

> 刘隆等兵船并力生擒……满咖喇国黑番一名沙喱马喇。④

又据上虞县知县陈大宾申抄黑番鬼三名口词，

---

① 金国平、吴志良：《郑芝龙与澳门——兼谈郑氏家族的澳门黑人》，《海交史研究》2002年第2期。
② （清）张廷玉：《明史》卷325，中华书局1974版，第8419页。
③ ［葡］费尔南·门德斯·平托：《远游记》上册，金国平译，葡萄牙大发现纪念澳门地区委员会、澳门基金会、澳门文化司署、东方葡萄牙学会1999年版，第42—43页。
④ （明）朱纨：《甓余杂集》卷2《捷报擒斩元凶荡平巢穴靖海道事》，四库存目丛书本。

内开一名沙哩马喇，年三十五岁，地名满咖喇，善能使船观星象，被佛郎机番每年将银八两雇佣驾船。①

此处"满咖喇"，当即"满喇咖"之倒讹。与朱纨《甓余杂集》同时代的文献记载，当时同葡萄牙商人一起在闽浙活动者为"满剌加国"人。如王士骐《皇明驭倭录》卷5作"满剌伽国番人"②，佚名《嘉靖倭乱备抄》亦作"满剌伽国番人"③。"满剌伽"即马六甲，为当时葡萄牙人控制殖民据点之一，故有当地土著"黑人"为葡人役使充当驾船水手。徐萨斯《历史上的澳门》称，1563年时澳门就有900名葡萄牙人和数千名奴隶，其中一部分是来自满剌加的人。④他还指出："早期澳门的葡萄牙殖民者与日本或满剌加女人结婚，尤以后者为多。"⑤裴化行对此指出："住澳门的外商，因为葡国妇女的缺乏，又不满于马六甲或印度而来的妇女，于是便与日本的特别是与中

---

① （明）朱纨：《甓余杂集》卷2《议处夷贼以明典刑以消祸患事》，四库存目丛书本。
② （明）王士骐：《皇明驭倭录》卷5，四库存目丛书本。
③ （明）佚名《嘉靖倭乱备抄》（不分卷），四库存目丛书本。
④ ［葡］徐萨斯：《历史上的澳门》，黄鸿钊、李保平译，澳门基金会2000年版，第32页。
⑤ 同上。

国的妇女结婚。"① 可见，早期进入澳门的马六甲女奴很多，葡人多娶女奴为妾。17世纪中期的葡文资料记载，有人建议葡王从澳门进攻广州称："留下300葡萄牙人及100满剌加混血基督徒留守广州城。"② 均可证明17世纪时澳门尚有不少马六甲"黑人"。

六 来自帝汶的"黑人"

帝汶，清人称为地满。《新修香山县志》卷4载："地满在南海中，水土恶毒，无所主，西洋与红毛分据其地，有兵头镇戍者，无一生还。"③ 张甄陶《澳门记略》也载："有地满在南海中，水土恶毒，人黝黑，无所主，大西洋与红毛分据其地。有兵头镇戍，三年一更，遣自小西洋，由澳而后达于地满。亦岁轮一舶往。澳夷罪不至死者，遣戍之，终其身无一生还者。"④《澳门图说》："（澳内）夷有黑白二种：白曰白鬼，西洋人，其性黠而傲；黑曰黑鬼，西洋人属地

---

① [法]裴化行：《天主教十六世纪在华传教志》上编，萧浚华译，商务印书馆1936年版，第110页。
② 金国平：《耶稣会对华传教政策演变基因初探——兼论葡、西征服中国计划》，载金国平《西力东渐——中葡早期接触追昔》，澳门基金会1999年版，第148页。
③ （清）祝淮：《新修香山县志》卷4《海防·附澳门》，清道光七年刊本。
④ （清）印光任、张汝霖：《澳门记略》卷下《澳蕃篇》，澳门文化司署1992年版。

满人，其性愚而贪，受役于白鬼。"① 可见，中文文献中也明确称有澳门黑奴来自"地满"。但帝汶"黑人"进入澳门是比较后期的事情。西文资料多有记录，前引1773年葡文资料称帝汶的奴隶是澳门居民的组成部分；一份18世纪的资料也称，澳门的"黑人"一部分来自帝汶。② "唐·伊拉里奥修士在1747年致国王的呈文中指责澳门人把抢来、骗来、买来和用布匹换来的帝汶人带到澳门作奴隶。"③ 澳门土生葡人多明戈斯·皮奥·马贵斯财产清单中的七个奴隶，除了两个是卡菲尔人，另外五个都是亚洲的帝汶人，包括 Tomás、José、Luisa、Lourenço 和 Ana。④

第二节 澳门黑人的数量

明清时期，澳门黑人来源广泛。那么，他们的人数究竟有多少，具体的数据我们无法查考。这不仅仅是因为一些数字资料已残缺不全，而且也因为人们常

---

① （清）张甄陶：《澳门图说》，小方壶斋舆地丛钞本。
② Peter Mundy, *The Travels of Peter Mundy, in Europe and Asia, 1608—1667*, Nenclelm, Rraus Reprit Ltd, 1967, p. 213.
③ ［葡］施白蒂：《澳门编年史（16—18世纪）》，小雨译，澳门基金会1995年版，第136页。
④ 李长森：《澳门土生族群研究》，博士学位论文，暨南大学，2005年，第278—279页。

常把黑人与来自其他国家的人用同一个概念来表示，同时又把他们笼统地称为"奴隶"。因此，关于明清时期各个阶段澳门黑人的数量没有一个具体准确的统计数据，我们只能根据当时统计的澳门人口数，来粗略推算一下澳门黑人的数量。

表三　　　　　明清时期澳门人口数列表

时期	户口数	奴隶数量
嘉靖四十三年（1564）	葡萄牙人900人，5000—6000名外国基督教徒①	黑人约4000人
万历二十九年（1601）	男户主400人②	黑人2400人
崇祯七年（1634）	150名欧洲士兵、850名已婚欧洲人和他们的子女、大约800名本地基督教徒	约5000名武装奴隶③
崇祯八年（1635）	男户主850人④	黑人5100人

---

① ［葡］施白蒂：《澳门编年史（16—18世纪）》，小雨译，澳门基金会1995年版，第16—17页；［葡］徐萨斯：《历史上的澳门》，黄鸿钊、李保平译，澳门基金会2000年版，第32页。

② ［英］C.R.博克塞：《16—17世纪澳门的宗教和贸易中转港之作用》，黄鸿钊、陆亚铃译，《中外关系译丛》第5辑，上海译文出版社1991年版，第82页。

③ 《澳门的军事组织和军服四百年》，澳门文化司署1999年版，第179页。

④ ［英］C.R.博克塞：《16—17世纪澳门的宗教和贸易中转港之作用》，黄鸿钊、陆亚铃译，《中外关系译丛》第5辑，上海译文出版社1991年版，第82页。

续表

时期	户口数	奴隶数量
崇祯十三年（1640）	男户主600人①	黑人3600人
康熙元年（1662）	2400名天主教徒及寡妇孤儿②	无统计，估计几百名
雍正八年（1730）	夷人517名，夷妇1397口	奴663名，婢990③
乾隆十年（1745）	5212位基督徒、5000位中国异教徒，葡人90位，男人和儿童1911人，妇女3301人	无统计④
乾隆三十八年（1773）	葡人127人，土生及混血"已婚居民"1325人	奴隶1100人⑤
乾隆年间	夷人423户，男妇3430余口汉民854户，汉民男妇2570余口	无统计⑥

---

① [英] C. R. 博克塞：《16—17世纪澳门的宗教和贸易中转港之作用》，黄鸿钊、陆亚铃译，《中外关系译丛》第5辑，上海译文出版社1991年版，第82页。

② [美] 卫思韩：《使团与幻想》，哈佛大学出版社1984年版，第87—88页。

③ （清）暴煜：《（乾隆）香山县志》卷8《濠镜澳》，清乾隆十五年刊本。

④ [葡] 施白蒂：《澳门编年史（16—18世纪）》，小雨译，澳门基金会1995年出版，第135页。

⑤ A. M. Martins do Vale, *Os Portugueses em Macau（1750—1800）*, Instituto Português do Oriente, 1997.

⑥ （清）王植：《崇德堂稿》卷2《香山险要说——复抚都堂王》，续修四库全书本。

续表

时期	户口数	奴隶数量
约18世纪	无统计	1500—2000名女黑奴①
乾隆五十六年（1791）	无统计	奴隶1447人（其中成人男奴为552人，成人女奴为803人，幼年男奴为65，幼年女奴为27人）②
嘉庆十四年（1809）	夷人1715名，夷妇1618名，夷兵265名	黑奴365人③
嘉庆十五年（1810）	白种男女3010人	男女奴隶1028人④
嘉庆十七年（1812）	无统计	黑奴数百人⑤
道光元年（1821）	包括自由民、奴隶以及来自各国的人等4600人	奴隶537人⑥
道光二年（1822）	4312名基督徒（其中2027名是妇女），约8000个中国人	637个男女奴隶⑦

---

① 耿昇：《贡斯当与〈中国18世纪广州对外贸易回忆录〉》，《暨南史学》2003年第2辑。
② A. M. Martins do Vale, *Os Portugueses em Macau* (1750—1800), Instituto Português do Oriente, 1997, p. 135.
③ （清）祝淮：《新修香山县志》卷4《海防·附澳门》，清道光七年刊本。
④ ［瑞］龙斯泰：《早期澳门史》，吴义雄译，章文钦校注，东方出版社1997年版。
⑤ 刘芳辑：《葡萄牙东波塔档案馆藏清代澳门中文档案汇编》，章文钦校，澳门基金会1999年版，第21页。
⑥ ［瑞］龙斯泰：《早期澳门史》，吴义雄译，章文钦校注，东方出版社1997年版，第36—37页。
⑦ ［葡］莱萨：《澳门人口：一个混合社会的起源和发展》，《文化杂志》（中文版）1994年第20期，第134页。

续表

时期	户口数	奴隶数量
道光十年(1830)	约有12500人居住在澳门，其中白人3300名，还有7500名合法中国人	黑人1700名①
	除军队和教士外共4628人，其中白种男人1202人，白种女人2149人；此外还有各个等级的男人38名和妇女118名	奴隶1129人（其中男奴隶350人，女奴隶779人）②
道光十四年(1834)	夷人500余家，男丁大小1000余人	黑奴200余人③
	葡萄牙3793人，其中白种女人2306人，白种男人1487人	奴隶1300人（其中男奴隶469人，女奴隶831人）④

　　表三中列出的数据虽然不是很全面，但从所列内容，可以看出澳门黑人数量变化的大体情况。

　　澳门开埠后的最初几年该地居民的准确数字，尚无官方具体资料可供参考，特别是"广义上关于来自（葡萄牙）王国的男性及其亚洲妻妾和混血子女，

---

① Rudy Bauss, "A Demographic Study of Portuguese India and Macau as well as Comments on Mozambique and Timor, 1750—1850", *the India Economic and Social History Review*, 1997, p. 200.
② ［瑞］龙斯泰：《早期澳门史》，吴义雄译，章文钦校注，东方出版社1997年版，第37页。
③ （清）关天培：《筹海初集》卷1，近代中国史料丛刊三编。
④ ［瑞］龙斯泰：《早期澳门史》，吴义雄译，章文钦校注，东方出版社1997年版，第237页。

以及非洲和亚洲奴隶及家奴的情况"①，因此关于澳门开埠初期的黑人数量，我们只能粗略地估算一下。从表中可以看出，澳门开埠最初十年间，葡萄牙来澳人数最高达900人（指已婚男子），而当时澳门总共有5000—6000名基督教徒，且当时澳门华人入教者不多，故这一时期来澳的黑人至少应在4000人左右。因此，澳门开埠初年，黑人数量远远要高于葡萄牙人。

进入17世纪，黑人的数量虽有波动，但仍保持在几千人左右，介于2000—5000人之间。1622年，澳门共有700名至800名葡萄牙人和混血种人，10000名中国人。②估计此时黑人的数量也徘徊在这个数据之间。1634年，澳门5000名武装奴隶中大多数应是黑人，因为葡萄牙人的众多奴隶之中，男奴大部分是头发鬈曲的黑人。③安东尼奥·博卡罗（António Bocarro）也曾参照果阿的统计资料写道：一个葡萄牙人家庭至少平均有6名以上的奴隶，他们"是具有服役能力的，其中绝大多数是黑奴及同类"。因此，在对日贸易的鼎盛

---

① Gonçalo Mesquituela, *História Macau*, Vol. I, T. II, Instituto Cultural de Macau, 1996, pp. 15 – 18.
② 程绍刚译注：《荷兰人在福尔摩莎（1624—1662）》，台湾联经出版事业公司2000年版，第3页。
③ ［葡］莱萨：《澳门人口：一个混合社会的起源和发展》，《文化杂志》（中文版）1994年第20期，第136页。

时期（1557—1640），①如果按男户主与黑人1∶6的比例来推算的话，黑人应为2400人（1601年）、5100人（1635年）和3600人（1640年）。

17世纪40年代初，澳门总人口估计约为40000人，其中约有2000人是葡萄牙人或具有葡萄牙血统的。②如果按博卡罗所说的比例来计算，当时的黑人也为数不少。但此时的黑人数量已呈现出下降的趋势，大大不如澳门开埠初年的数量。其中既有客观原因，也有主观因素。印度学者桑贾伊·苏拉马尼亚姆在分析时说："1640年代末发生的一场严重的饥荒，导致该地区人口大量死亡，但也可以认为是同时期中国的统治王朝由明朝变成清朝的缘故，它使中国东南沿海的内陆市场变得不太稳定。"③严重的饥荒是不可避免的客观原因，而入清后清政府海外政策的变化则成了主观因素，尤其是康熙年间颁布的禁海令使黑人

---

① ［英］C. R. 博克塞：《16—17世纪澳门的宗教和贸易中转港之作用》，黄鸿钊、陆亚铃译，《中外关系译丛》第5辑，上海译文出版社1991年版，第81页。

② Sanjay Subrahmanyam, *The Portuguese Empire in Asia, 1500—1700: A Political and Economic History*, London and New York, p. 207.

③ ［印］桑贾伊·苏拉马尼亚姆：《葡萄牙帝国在亚洲1500—1700：政治和经济史》，何吉贤译，纪念葡萄牙发现事业澳门地区委员会1997年版，第216页。

数量不断下降。

  1662年，朝廷颁布迁海令。……根据该法令，（澳门）华人居民悉已内迁，但仍不能满足清朝迫切的防范要求。他们提出，葡萄牙人亦应守此禁海令。①

  表三列出1662年"2400名天主教徒及寡妇孤儿"中应该包括葡萄牙人及其黑奴。因为在这一次迁界中，清朝政府只将居澳华人迁出了澳门，而葡萄牙人则未迁出。因此可以推算出当时随葡萄牙人留在澳门的黑人奴隶应该至少有几百人。而且到1669年，澳门"已婚居民"人口下降到不足1635年的一半。② 如果按照葡人传统，每个"已婚居民"都有许多佣人和家奴，照看他们在家的妻子儿女并从事体力劳动，那么这一时期随着"已婚居民"的减少，黑人的数量也应该随之减少。

  1743年广东按察使潘思榘上奏："我朝怀柔远人，

---

  ① ［葡］徐萨斯：《历史上的澳门》，黄鸿钊、李保平译，澳门基金会2000年版，第78页。
  ② ［印］桑贾伊·苏拉马尼亚姆：《葡萄牙帝国在亚洲1500—1700：政治和经济史》，何吉贤译，纪念葡萄牙发现事业澳门地区委员会1997年版，第216页。

仍准依栖澳地。现在澳夷计男妇三千五百有奇。"① 19世纪初，澳门人口又有所增加。《粤海关志》记澳门人口云："今生齿日繁，男女计至五千众。"② 今指嘉庆十五年（1810）。从表三中也可反映出，入华葡人及土生葡人数量呈不断减少的趋势，一是由于澳门经济逐渐衰落；二是清政府的禁海政策，导致来华葡人逐渐减少，因此随之而来的黑人数量也相应减少。如乾隆十年（1745）从葡萄牙王国来的葡人仅90位，他们所带黑人数量也跌至最低值。《澳门四百年》中也写到这一时期澳门面临的困境，对日贸易的中断、与马尼拉贸易的衰弱、与中国内地贸易的减退、因荷兰封锁马六甲造成与果阿联系的困难以及居澳葡人内部政治的混乱，使澳门陷入极度贫困的状况。③ 因此，到了嘉庆十四年（1809）总督百龄临澳点阅时，夷人1715名，夷妇1618名，夷兵265名，黑奴365名。④ 这里的黑人数量明显比澳门对日贸易黄金时代统计的

---

① （清）印光任、张汝霖：《澳门记略》卷上《官守篇》，澳门文化司署1992年版。

② （清）梁廷枏：《粤海关志》卷29《夷商四》，袁钟仁校注，广东人民出版社2002年版，第551页。

③ 费成康：《澳门四百年》，上海人民出版社1988年版，第107—123页。

④ （清）祝淮：《新修香山县志》卷4《海防·附澳门》，清道光七年刊本。

少得多。

虽然黑人数量在减少，但始终保持在几百人左右。因为即使澳门经济不断衰落，"天主教徒和印度商人还是积极参加奴隶贸易，1780—1830 年每年约有 200 个至 250 个非洲人被运往葡属印度和澳门"①。也就是说，澳门黑人的来源并未被完全切断。因此到 19 世纪初，澳门的黑人及其后裔数量也是相当可观的。据 1773 年的一份人口统计资料显示，当时澳门正值衰落时期，宗主国来的葡人仅有 127 人，土生及混血"已婚居民"1325 人，但仍有奴隶 1100 人。② 1791 年澳门的奴隶仍有 1447 人。其中成人男奴为 552 人，成人女奴为 803 人，幼年男奴为 65 人，幼年女奴为 27 人。③ 这些都说明，如果奴隶制不被废除，澳门的奴隶尤其是黑人奴隶将长期存在。

从上述澳门葡人人口与黑人人口变化可以看出，明代澳门社会黑人人口比例远远高于葡人，成为澳门社会除华人以外第二主体人口。但入清后黑人人口比

---

① Rudy Bauss, "A Demographic Study of Portuguese India and Macau as well as Comments on Mozambique and Timor, 1750—1850", *the India Economic and Social History Review*, 1997, p. 212.

② A. M. Martins do Vale, *Os Portugueses em Macau（1750—1800）*, Instituto Português do Oriente, 1997.

③ Ibid., p. 135.

例逐渐下降,到嘉庆时竟降到365人,道光时又下降到200人,[①] 可见到清中叶时,澳门黑人已退居到澳门社会较次要的位置上。总的来说,澳门黑人数量的变化呈下降的趋势。

[①] (清)关天培:《筹海初集》卷1,近代中国史料丛刊三编。

第五章　澳门黑人的社会地位

第一节　澳门黑人的社会地位

黑人在澳门历史发展的过程中起到重要的作用，但是这样一个弱势群体在澳门社会中却一直处于社会的底层。

第一，政治地位低下。"白为主，黑为奴，生而贵贱自判"[1]，"白者为贵种，大率皆子弟；黑鬼种贱，世仆隶耳"[2]，"彝有黑白鬼二种，白贵而黑贱"[3]，"白主黑奴"[4]，"夷屋多层楼，处黑鬼于下"[5]。从这

---

[1] （清）赵翼：《檐曝杂记》卷4《诸番》，中华书局1982年版。
[2] （清）杜臻：《粤闽巡视纪略》卷2，孔氏岳雪楼影钞本。
[3] 焦祈年：《巡视澳门记》，（清）郝玉麟修《（雍正）广东通志》卷62《艺文志四》，文渊阁四库全书本。
[4] （清）印光任、张汝霖：《澳门记略》卷上《官守篇》，澳门文化司署1992年版。
[5] （清）汤彝：《盾墨》卷4《澳门西番》，续修四库全书本。

些文献记载来看，黑人地位卑微，只能住在白人的下面，遭受非人的待遇。平托《远游记》载：

> 他（指作者——引者注）从满剌加去彭亨王国的途中碰到了二十三个在海上遇难的基督徒。其中有十四个葡萄牙人和九个奴隶。他们在海上漂泊了十四天之久，没有任何食物，后来他们中的一个黑奴死了，这些人就把他分吃了，才得以又维持了八天时间。①

> ……

> 他们离开浅滩后，航行了四天，在此期间，滴水未进。第五天早晨，饥饿难挨，只能分食一个死去的黑人。②

黑人竟被分食，足见黑人地位的卑微。即使他们没死，在条件艰苦的环境下也有被分食的可能，因为他们充其量只是奴隶而已。黑奴的生命对其主人来说微不足道，如果黑人犯法则会受到相当严厉的惩罚。1712年，一个杀害了一名中国人的帝汶人若奥·苏亚

---

① ［葡］费尔南·门德斯·平托：《远游记》上册，金国平译，葡萄牙大发现纪念澳门地区委员会、澳门基金会、澳门文化司署、东方葡萄牙学会1999年版，第94页。

② 同上书，第555页。

雷斯·里斯博阿（João Soares Lisboa），被置于大炮台的炮口上开炮处死了。①《澳门记略》亦载，黑人犯法后，"被悬于高竿之上，用大炮打入海中"②。

黑人还可以像商品一样被买卖，"至于海鬼黑人，其国去中国六万里，向来市买服役"③；"（澳门）夷人白黑二种，白者产自西洋，性多點；黑者出他夷国，类由买掠为奴婢，性愚而悍"④。澳门土生葡人多明戈斯·皮奥·马贵斯，其财产清单中罗列的七名奴隶就明确标明了黑奴的价值。

表四　　多明戈斯·皮奥·马贵斯遗产清单中关于
拥有奴隶的情况⑤

姓名	籍贯	年龄	价值
Félix	卡菲尔人（cafre）	40岁	70圆
Tomás	帝汶人（timor）	40岁	40圆

---

① ［葡］施白蒂：《澳门编年史（16—18世纪）》，小雨译，澳门基金会1995年出版，第84页。

② （清）印光任、张汝霖：《澳门记略》卷上《官守篇》，澳门文化司署1992年版。

③ ［比］钟鸣旦：《徐家汇藏书楼明清天主教文献》第1册《奏疏》，辅仁大学神学院1996年影印本。

④ （清）王植：《崇德堂稿》卷2《香山险要说——复抚都堂王》，续修四库全书本。

⑤ 李长森：《澳门土生族群研究》，博士学位论文，暨南大学，2005年，第278—279页。

续表

姓名	籍贯	年龄	价值
José	帝汶人（timor）	50岁	50圆
Rita	卡菲尔人（cafre）	50岁	50圆
Luisa	帝汶人（timor）	40岁	40圆
Lourenço	帝汶人（timor）	35岁	60圆
Ana	帝汶人（timor）	25岁	80圆

　　表四中列出了澳门一位土生葡人遗产清单中奴隶的情况，从中不仅可以看出这些奴隶的来源地，而且还可以粗略了解他们的价值。其中2个是非洲卡菲尔人，5个是亚洲帝汶人。从其名字来看，7人当中既有男性也有女性。他们被标明价值，可以像商品一样被买卖。而且根据他们的年龄不同，其相应的价值也不同。一般是年龄越小其价值越高，但这也不是绝对的。如Lourenço（洛伦索）35岁，价值60圆；而Ana（安娜）25岁，价值80圆。Ana年轻些，其价值就高些。但有时年龄相同其价值却不同。如40岁的Félix（费利什）和40岁的Tomás（托马斯）虽然年龄相同，但价值却相差30圆，这可能与他们所担任的职务和充当的职能不同有关。中文文献中也有关于黑奴价值的记载：

　　又番舶有一等人名昆仑奴者，俗称黑鬼……

买之一头值五六十金。①

这些既能干、身价又低廉的黑人奴隶,不仅可以像商品一样任意买卖,而且买之一"头"才不过"五六十金"而已,因此颇受夷目们的青睐。被买来的奴隶命运完全掌握在其主人手里,"生死惟主人所命,主人或令自刎其首,彼即刎,不思当刎与不当刎也"②,主人对他们有生杀予夺的大权。可见,黑人根本没有什么人身自由,只不过是主人手中一颗随意处置的棋子。

第二,经济地位低下。一般来说,在澳门生活的黑奴是非常贫穷的,平时穿着也很破烂"黑奴男女皆衣布,无冠履"③。一般情况下,他们除了身上穿的,"此外并无钱银别物"④。在澳门贸易黄金时期,他们的经济待遇会相对好些;海外贸易衰落时,他们根本没有什么经济地位可言。因为没钱,每天只能吃主人的剩饭剩菜,饥饿难忍的情况下他们只有去偷东西吃。乾隆年间,时有澳门逃出来的黑奴潜入望厦村

---

① (明)王士性:《广志绎》卷4,中华书局1981年版,第101页。
② 同上。
③ (清)印光任、张汝霖:《澳门记略》卷下《澳蕃篇》,澳门文化司署1992年版。
④ 刘芳辑:《葡萄牙东波塔档案馆藏清代澳门中文档案汇编》,章文钦校,澳门基金会1999年版,第19页。

偷窃：

……

近一二年间，每有黑奴数人，常于昏夜潜窃□□田园瓜菜，间系澳内逃走黑奴，各皆忍避。至本月十八日、十九二夜，又有黑奴六七人，□□村前明取薯芋，不畏人知。至二十一日、二十二日，又有黑奴约共二十人，白□□□［昼公然］到村，肆行无忌，男妇大小，莫不骇惧。①

乾隆五十七年十月十五日禀文云：

夷民斐理想投称：被家中两个黑奴同谋，偷出后开物件。……一名做惹，将银小调羹三枝、银裤扣一对、金纽二对、银柄叉子二枝、银柄剪刀子二枝，共值价银十五元，供卖与沛源号，换食面头甜料果子等项。②

这些饥饿难忍的黑人结伴逃到内地偷瓜菜、挖薯

---

① 刘芳辑：《葡萄牙东波塔档案馆藏清代澳门中文档案汇编》，章文钦校，澳门基金会1999年版，第18页。
② 同上书，第307页。

芋吃，嘉庆十九年（1814）香山县丞周飞鸿为黑奴私逃翠微村偷窃财物扰害地方事下理事官谕中也提到，黑奴"抢窃荒野寮舍芋薯瓜菜"①。黑奴偷主人的东西也是为了换取最基本的生活所需（"面头甜料果子等"），否则他们就可能会饿死。可见，当时这些黑人的待遇极低。

第三，社会地位低下。居澳黑人不能与主人一起吃饭，他们往往要等主人吃完才能去吃主人的残羹剩饭，白人，"食余，倾之一器，如马槽，黑奴男女以手挓食"②，他们的待遇就如同主人家中蓄养的牲畜一样。他们没有独立的选择权，连结婚这种大事也要听从主人的安排。一般表现好的情况下，主人会为其"配以华妇"③，但多数情况下是"奴不匹配"④。黑人非常受歧视，无法解决自己的婚姻大事，没有谁心甘情愿与其结合，即使是"世界上最封闭的民族的女人

---

① 刘芳辑：《葡萄牙东波塔档案馆藏清代澳门中文档案汇编》，章文钦校，澳门基金会1999年版，第21页。

② （清）印光任、张汝霖：《澳门记略》卷下《澳蕃篇》，澳门文化司署1992年版。

③ （明）蔡汝贤：《东夷图说》之《黑鬼》篇，北京图书馆藏明万历刻本。

④ （清）暴煜：《（乾隆）香山县志》卷8《濠镜澳》，清乾隆十五年刊本。

也不肯与那些'罕见的黑家伙们'为伍的"①。而且，如果主人对黑奴表示厌恶，则"锢其终身不使匹配，示不蕃其类也"②。因此，就出现黑奴自己外出找配偶的现象，"黑鬼无配偶，多野合，设野仔庙收其遗孽"③，因为他们的后代无人抚养，只好被"野仔庙"收养。"野仔庙"也就是仁慈堂，黑人野合而生的后代被仁慈堂收留，或许他们以后还会在富家大族中继续充当奴隶。

第二节　澳门逃奴

由于政治、经济、社会地位的低下，明清时期澳门黑人大量出逃。1573—1574年，中国人就修建城门把澳门和内地分离开来，一个最重要的用途就是防止黑人逃跑。④ 澳门开埠不久即建立关闸，防止黑奴逃跑，可见逃奴问题已相当严重。黑人逃跑，主要归结为以下四个方面的原因：

---

① ［葡］莱萨:《澳门人口：一个混合社会的起源和发展》，《文化杂志》（中文版）1994年第20期，第120页。
② （清）傅恒:《皇清职贡图》卷1，辽沈书社1991年版。
③ （清）陈兰芝:《岭海名胜记》之《澳门竹枝词》，乾隆五十五年刊本。
④ ［葡］徐萨斯:《历史上的澳门》，黄鸿钊、李保平译，澳门基金会2000年版，第24页。

第一，黑人在澳门社会中政治、经济、社会地位低下，黑人不满现状，加上邻近地区一些将领的引诱，于是黑人纷纷出逃，寻找更好的待遇和新的主人。郑芝龙手下的黑人军队就是由这样一批黑人组成的。

1647年，在安海，从澳门逃跑的黑人（pretos）超过200人。①

耶稣会的档案中也载：

……

200多名各族黑人在得到一位福建军官（指郑芝龙）邀请后，逃离他们亚马港的主人。②

传教士鲁日满的记载更加详细：

在战斗里，这些士兵中表现最勇敢的是咖呋哩（os Cafres）人。在尼古劳（指郑芝龙）重金

---

① 金国平、吴志良：《郑芝龙与澳门——兼谈郑氏家族的澳门黑人》，《海交史研究》2002年第2期。
② 同上。

及许诺的邀请下,他们逃离其葡萄牙人及西班牙人主人。①

这一次澳门黑人出逃事件是入清以来最大的一次逃奴事件,这些从澳门逃出来的黑人组成了郑芝龙的黑人军队。200多名各族黑人在受到郑芝龙"重金及许诺的邀请下"出逃也是合乎情理的,因为他们也想得到更丰厚和公平的待遇。而且他们出逃后的确也为郑氏王国的建立和巩固做出了巨大的贡献。康熙九年(1670),朝廷中的两个黑人苦力在护送葡萄牙大使回澳门时竟然逃回了宫中:

> (1670年)8月20日,大使先生获准拜访教堂及神甫们的寓所。……皇帝命令一礼部官员一路陪同大使先生至澳门;神甫们十里长亭相送,一直将大使先生送上龙船。一共7艘,里里外外油漆一新,连桅杆都新漆过了。浩浩荡荡,甚为壮观。我们(指葡人——引者注)登船后不久,有两个黑人苦力逃下了船。他们竟然逃回了宫中。皇帝得知此消息后,令二大臣将其亲自交

---

① 金国平、吴志良:《郑芝龙与澳门——兼谈郑氏家族的澳门黑人》,《海交史研究》2002年第2期。

回,并要求勿施惩罚。最令我们感到敬佩的是,如有必要,官员会携带勘合,随同黑人苦力一路伴送我们至澳门。①

这两个黑人苦力逃回了宫中,皇帝没有惩罚他们,而且"令大臣将其亲自交回",必要时还让他们伴送葡萄牙大使回澳门。可见,宫中的待遇还不错,两个黑人苦力宁愿留在宫里为王公大臣服务也不愿去澳门,也许他们认为澳门的待遇并不好,因此他们在护送葡萄牙大使时"逃下了船,逃回了宫中"。

第二,夷主的纵容。乾隆年间,时有澳门逃出来的黑奴潜入望厦村偷窃。这些私自逃跑的黑奴,潜入村里偷窃,非但不惧怕当地的居民,而且还"肆行无忌",以至于连村民都"莫不骇惧"②。嘉庆三年八月初三谕:

> 现据差役禀称:本月初二日,在属内麻湾地方,见有黑鬼奴一名,独自行走,只得带回禀

---

① [葡]弗郎西斯科·皮门特尔:《葡萄牙国王遣中华及鞑靼皇帝特使玛讷撒尔达聂使京廷简记》(1667—1670),载金国平《中葡关系史地考证》,澳门基金会2000年版,第179页。
② 刘芳辑:《葡萄牙东波塔档案馆藏清代澳门中文档案汇编》,章文钦校,澳门基金会1999年版,第18页。

明。等情。

　　据此，查麻湾地方离本分县衙署二十里，距澳门四十五里，该黑奴胆敢远逃内地，其中显有情弊。随查该黑奴身穿白布番衣二件，下身穿紫花裤一条，另捆扎身上花布裤一条，此外并无钱银别物。查讯该黑奴，并无言语，未晓受伊主责处，抑或偷窃财物，逃出在外。①

独自一人逃到距澳门四十五里远的地方，不知为何原因。当逃跑黑奴被查讯时，"并无言语，未晓受伊主责处，抑或偷窃财物，逃出在外"。进入嘉庆年间，逃奴现象更加严重。嘉庆八年十二月初七日晚，夷人拜衣呕（Paiva）的家被黑奴挖开窗门进房，偷去主人番银四百五十圆。另有黑奴三名，将银带赴林亚五家藏放歇宿，代雇船只，唆使潜逃。②嘉庆十九年九月十四日谕：

　　　　由于夷目对黑奴不加约束，纵容黑奴私逃出境，又不禀报缉拿，以致该黑奴等得以肆志躲匿

---

① 刘芳辑：《葡萄牙东波塔档案馆藏清代澳门中文档案汇编》，章文钦校，澳门基金会1999年版，第19页。

② 同上书，第315页。

山林，抢窃荒野寮舍芋薯瓜菜，鸡鸭食物，拒伤事主，扰害地方。①

主人对黑奴纵容而不严加管理，当地的县丞对此又毫无办法，最终只能"以黑奴无知，不谙天朝法度，从宽免其深究，即将黑奴发交其夷目收管"②。如果夷目能在事发后对他们的黑人奴隶严加管理，而不"置若罔闻"的话，黑奴出逃事件就不会屡禁不止。

第三，华人的诱拐。一部分华人非常想得到葡人有而他们没有的新奇东西，于是就诱拐葡人的黑人奴仆去偷，尔后诱拐黑人出逃。嘉庆十二年（1807），唐亚连诱拐17名黑奴偷窃衣物银两后出逃。③ 黑人的愚忠且好驭使是华商最看重的一点，他们诱拐黑人出逃到日本等地做生意。葡人在谈及此事时称：

> 如果他们（指葡人——引者注）的声誉不如以前话，非他们自身的过错，应归罪于潜逃之黑奴。因为黑奴偷去他们的金银，穿著华服，口操

---

① 刘芳辑：《葡萄牙东波塔档案馆藏清代澳门中文档案汇编》，章文钦校，澳门基金会1999年版，第21页。

② 同上。

③ 同上书，第316页。

官话，与本地人无异。本地商人与其（指黑奴——引者注）为伍，前往日本各地。而且日本人收纳我们的仆人（指黑奴——引者注），将他们作为士兵留用。这些潜逃的仆人招引日人，为他们做向导。导致葡萄牙人大船被焚，损失银两巨万。①

华商诱拐黑人"前往日本各地"后，黑人被日本人收留，成为日本人的向导。黑人为日本人服务给葡人带来了巨大的经济损失，导致"葡萄牙人大船被焚，损失银两巨万"，葡萄牙人的声誉也因此大跌。还有一部分黑人被华人诱拐后在船上充当翻译。《历史上的澳门》载：

> 1637年，英国的威德尔率舰队从果阿航行至澳门，他们首先派遣一支探测队花一个月时间勘探河流情况，这支探测队于中途被中国舰队拦住，不让他们前行。中国舰队上的通事就是一些从澳门逃出去的黑奴。中方官员通过通事规劝这支队伍返回。最终这支英国的探测队

---

① 金国平：《TCHANG-SI-LAO其人文海钩稽"海盗说"溯源》，载金国平《中葡关系史地考证》，澳门基金会2000年版，第73—75页。

返回了澳门。①

第四，宗教原因。这也是黑奴出逃最不容忽视的一个原因。澳门黑人都有自己的宗教信仰，多数信奉天主教，是天主教徒。有时他们不愿为奴，想方设法逃跑。《金尼阁传》中载：

> 每日我（指金尼阁——引者注）以教义授卡佛雷斯（Caffros）黑人，每二日以教义授葡萄牙人。此辈黑人之语言，颇类佛剌明语……此辈黑人约有八十人，隶奴籍，教授久之，皆知画十字，诵天父、万福玛利亚等祷词。②

此文所记载的是金尼阁向黑人和葡萄牙人教授教义，这些黑人逐渐接受洗礼，开始信教。《历史上的澳门》记载，黑人视圣母玛利亚的神像为一面旗帜，在宗教热情的驱使下加入到反对异教徒的队伍中。③前面提到的郑芝龙的黑人军队，其士兵大部分也是基

---

① [葡]徐萨斯：《历史上的澳门》，黄鸿钊、李保平译，澳门基金会2000年版，第75页。
② [法]费赖之：《在华耶稣会士列传及书目》上册，冯承钧译，中华书局1995年版，第116页。
③ [葡]徐萨斯：《历史上的澳门》，黄鸿钊、李保平译，澳门基金会2000年版，第46页。

督徒：

> 这些士兵是郑芝龙从澳门和其他地方弄来的。这些人是基督徒，有妻子儿女。他们来探望我们。他们的连长叫马托斯（Luis de Matos），是一个聪明、理智的黑人。①

同书还载：

> 在那里（安海），有一些澳门的黑人。他们是基督徒，是那位官员（郑芝龙）的士兵。②……一官手下一直有大量的从澳门来的棕褐色的基督徒为其效劳。③

郑芝龙的黑人军队，其士兵不仅是从澳门逃出来的黑奴，而且大部分是基督教徒。这些黑人基督徒有

---

① 《在华方济各会会志》第7卷，第32页。转引自金国平、吴志良《郑芝龙与澳门——兼谈郑氏家族的澳门黑人》，《海交史研究》2002年第2期。

② 《在华方济各会会志》第2卷，第362—363页。转引自金国平、吴志良《郑芝龙与澳门——兼谈郑氏家族的澳门黑人》，《海交史研究》2002年第2期。

③ 《在华方济各会会志》第2卷，第367页。转引自金国平、吴志良《郑芝龙与澳门——兼谈郑氏家族的澳门黑人》，《海交史研究》2002年第2期。

的不愿为奴就从澳门逃跑。《聂伯多传》中记载：

> 信教之黑人不愿为奴而从澳门逃出者，尽匿海盗尼古拉舟中……①

《方济各会中国书简汇编》中也记载了从澳门逃出来的黑人基督徒：

> 统领广东省军队的总兵（Capitan General）曾派人命令西班牙传教士们将圣石和圣像送给他看看。并且想得到那块圣石，但是最终遭到拒绝，于是：总兵使了一个诡计想把那圣石从西班牙传教士的手中夺去。当时他正准备出征打仗，他手下有两个黑人（Cafres）基督徒护卫，他们是从澳门逃出来的葡萄牙人的奴隶。两个黑人士兵同传教士交谈过后，传教士送了他们几个圣像，他们随后将这件事告诉了主人，说那些西班牙人是基督徒，他们来是给愿意成为基督徒的人洗礼的。于是总兵在起程前，派人叫两位神父带着圣石去见他，因为他的几个朋友想见识一下。阿尔

---

① ［法］费赖之：《在华耶稣会士列传及书目》，冯承钧译，中华书局1995年版，第207页。

法罗担心总兵会再向他要那块圣石,便带了一幅玛达莱娜(Magdalena)的羽毛制作的圣像准备送给他,以打消其索要圣石的念头。传教士来了,总兵热情款待他们,并对他们说,他的黑人护卫已经同他讲了我们来的目的,他非常了解上帝的事情,因为他手下至今已有 200 多个黑人基督徒分散居住在这个省内;他和他手下的人都想成为基督徒;一旦他们返回来,一定要建造一座教堂。请两位神父将那圣石交由他放到教堂里去。一旦使用完那圣石,便会通过两位神父将其送到广州。[1]

文中记载的黑人不仅是基督徒,而且还是从澳门逃出来的"逃奴"。这个广东省军队的总兵(Capitan General)手下竟有 200 多个黑人基督徒,而且他及其手下还不是基督徒的人都非常想成为基督徒。可以肯定的一点就是,这 200 多个黑人教徒中大部分应是从澳门逃出来的。

最后,还有一些客观原因。嘉庆十四年(1809)蛋民孙亚蕴救了一名在海上遇险的澳门黑人,可能这

---

[1] 转引自崔维孝《明清时期西班牙方济各会在华传教研究》(1579—1732),中华书局 2006 年版,第 74 页。

也是个企图逃跑的黑人,否则他怎会一人在茫茫大海之中?当时禀文载:

> 照得本月初三日,准防守万山汛台香协右营总司林移开:本年十月二十八日,据蛋民孙亚瓐禀称:小的在竹湾仔钓鱼,看见有夷船小三板一只顺风飘来,内有黑夷人一名,该三板碰石碎烂,只存黑夷人一名在水,小的捞救得生,并拾得三板桨三枝,理合禀明。等情。登饬该台目兵询查,该黑夷人音语不符,又无译传,合将该黑夷一名并蛋民孙亚瓐,及三板桨三枝移送,希将该黑夷并蛋民孙亚瓐询讯明白,各发安生,祈将收讯过缘由赐覆,以凭禀报营宪。等由。
>
> 准此,当经饬唤通事到案,据该通事供认系澳门黑夷,即将该黑夷饬着通事带交该夷目收领外,合札饬知。①

不仅葡萄牙人手下的黑人逃跑,连西班牙、荷兰人手下的黑人也经常逃跑。1632年,西班牙人曾派出六人探听荷人在大员(古地名,即今台湾省台南市西

---

① 刘芳辑:《葡萄牙东波塔档案馆藏清代澳门中文档案汇编》,章文钦校,澳门基金会1999年版,第625页。

安平镇一带）的虚实。这六个人后来与一名亚齐人以及五名公司黑奴逃走。① 无论这些黑奴逃跑是出于主观原因还是客观诱因，但他们最终还是很难摆脱做奴隶的命运。

---

① 程绍刚译注：《荷兰人在福尔摩莎（1624—1662）》，台湾联经出版事业公司2000年版，第115页。

第六章　澳门黑人的管理

第一节　澳门黑人的犯罪现象透析

澳门不仅经常发生黑奴逃跑事件，黑人在澳门的犯罪现象也是层出不穷。本节就以《葡萄牙东波塔档案馆藏清代澳门中文档案汇编》为主，来谈黑人在澳门的犯罪现象。

一　偷盗抢劫，屡禁不止

1. 偷中国政府的案例

乾隆十四年七月十八日的奏折中写道：

> 且澳门向有海关税馆，一切商货起卸税馆之

前，夷奴黑鬼往往潜行偷窃。①

2. 偷中国人的案例

乾隆五十二年八月二十八日禀文云：

现据望厦村里老李文雄、陈芬献，地保陈晃廷等禀口［称］：……近一二年间，每有黑奴数人，常于昏夜潜窃口口田园瓜菜，间系澳内逃走黑奴，各皆忍避。至本月十八日、十九二夜，又有黑奴六七人，口口村前明取薯芋，不畏人知。至二十一日、二十二日，又有黑奴约共二十人，白口口口［昼公然］到村，肆行无忌，男妇大小，莫不骇惧。经投澳通事、练头知证，似口［此］口口，口口避之不及，劝之不济，拒之不得，抗口口口［之不敢］。口口［恐将］来凶势愈炎，或入室强扰，口口［我］村地僻人愚，霎时之顷，谁可口口［得料］口口口口，合亟禀明，伏乞严饬夷目，传令各有鬼奴人之家，时加

---

① 中国历史第一档案馆、澳门基金会、暨南大学古籍研究所合编：《明清时期澳门问题档案文献汇编》（一），人民出版社1999年版，第246—247页。

约束。蚁等孤村,庶得宁居,沾恩莫大。等情。①

嘉庆十九年九月二十四日禀文:

照得中外一体,莫不设有官品,抚御下民,使知遵守礼法。即尔夷所设番差、兵头、夷目在澳,原以管理澳务,约束合澳夷人、黑奴,不许滋生事端。乃该夷目漠不经心,甚至纵容黑奴私逃出境,并不禀报缉拿,以致该黑奴等得以肆志躲匿山林,抢窃荒野寮舍芋薯瓜菜,鸡鸭食物,拒伤事主,扰害地方,莫此为甚。

本分县一经风闻,即行移营会拿,悬赏缉捕,毋论军民人等,每拿获不法黑奴一名,赏给番银五圆,使知见赏出力,捕获黑奴三名,投营解送到本分县,当即如数给赏,亟应详解大宪究办,姑念尔等无知,不谙天朝法度,从宽免其深究,即将该黑奴三名发交该夷目收管。该夷目自当推心感戴,着令该黑奴主赔缴银两,给还失主,得资医调,以平人心,讵该夷目竟置若罔闻,实属玩视法纪。

---

① 刘芳辑:《葡萄牙东波塔档案馆藏清代澳门中文档案汇编》,章文钦校,澳门基金会 1999 年版,第 18 页。

现据翠微村被抢民人吴履廷以一件乞恩究追等事，禀称：切蚁家贫，搭盖葵寮，在村侧荒埔种植薯芋养口，缘前月二十六夜，有黑奴六七名，手持木棍凶刀，直拥□□［入寮］，伤折蚁脚，抢夺鸡鸭二十二只，猪仔二只、棉□□［胎一］张、锅头一只、米一斗、旧蓝衫仔裤四件，适时夜深，蚁脚被打折，难以向论。幸值仁台出示，许获奖赏，今已捉黑奴三名解送仁台，伏乞审讯究追给领。等情。前来。①

黑奴不仅偷中国政府的财物，还经常深夜潜入村里偷窃，而且来势凶猛，肆行无忌，以致"男妇大小，莫不骇惧"。虽然本分县也出台了一些惩罚不法黑奴的措施，但最终还是"姑念尔等无知，不谙天朝法度，从宽免其深究，即将该黑奴三名发交该夷目收管"，而夷目又对此"置若罔闻"，以致问题没有解决，情势越来越严重。

3. 偷葡人的案例

乾隆五十七年十月十五日禀文云：

---

① 刘芳辑：《葡萄牙东波塔档案馆藏清代澳门中文档案汇编》，章文钦校，澳门基金会1999年版，第22页。

本年九月二十日据该夷目禀，据夷民斐理想投称：被家中两个黑奴同谋，偷出后开物件。该奴一名谙都尼，将银大调羹一枝，价值银二两，供卖与广源号，得银二钱五分。一名做惹，将银小调羹三枝、银裤扣一对、金纽二对、银柄叉子二枝、银柄剪刀子二枝，共值价银十五元，供卖与沛源号，换食面头甜料果子等项。夷向该铺等问赎，坚不付还，反被辱骂，转禀差拘，讯追给还。等情。①

乾隆五十八年正月二十六日禀文：

奸民何文志钩串夷官加尔搦依罗家中多明我［Domingos］、多默［Tomé］两黑奴偷去油木板十五块，大厚油木板二块，经何文志买受，给银五员。②

嘉庆三年三月十一日禀文：

---

① 刘芳辑：《葡萄牙东波塔档案馆藏清代澳门中文档案汇编》，章文钦校，澳门基金会1999年版，第307页。
② 同上书，第308页。

案据该夷目具禀：第十八号船主有海龙皮十件，值价三百大员，被黑奴安多尼［António］、若望［João］偷窃，卖与吴亚典、韦亚福，得价银三十五员。禀恳差拘究追。等情。

据此，业经差拘吴亚典、韦亚福到案，讯据坚供，并无买受情事，实因黑奴安多尼等前经赊欠钱文，屡讨不还，彼此嗔闹，挟嫌巫累的。本分县当堂再四研诘，矢口不移，已无遁情。①

嘉庆八年十二月初十日禀文云：

现据该夷目禀：据夷人拜衣呱［Paiva］投称：本月初七晚，被黑奴挖开窗门进房，偷去主人番银四百五十员。另有黑奴三名，将银带赴林亚五家藏放歇宿，代雇船只，唆使潜逃。合将林亚五获送究追。等情。②

嘉庆十二年二月十二日禀文云：

---

① 刘芳辑：《葡萄牙东波塔档案馆藏清代澳门中文档案汇编》，章文钦校，澳门基金会1999年版，第19页。

② 同上书，第315页。

现据澳夷各家投称：于本月二十八日被奸棍诱拐黑奴偷窃衣物银两逃去，共一十七名，恳哆转请查追。等情。

当经饬差查缉诱拐奸棍，并窃逃黑奴分别究追去后。兹据差役禀称：查得黑奴一十七名，已于本月初四日回澳，现据该夷目将窝逃之唐亚连交县，澳差解县审讯。①

道光五年十二月十二日禀文：

现访有不法匪徒梁亚相等聚众图窃滋事，当经本分县亲自拿获梁亚相、林遇章、林耀堂三名，续经差役又拘获张亚有、陆亚冲二名到案。讯据张亚有等供认：意欲图窃夷人拜吧［Paiva］夷楼货物，因本月初八日与拜吧黑奴嗒坚［Joaquim］串同开门为窃，约至是夜二鼓，乘空行窃，尚未成事，就被拿获。等供。②

由于黑奴地位低下，又无多少经济来源，所以他

---

① 刘芳辑：《葡萄牙东波塔档案馆藏清代澳门中文档案汇编》，章文钦校，澳门基金会1999年版，第316页。
② 同上书，第319页。

们经常出去偷东西，不仅偷华人的，而且还偷自己主人的东西，把它们换成银两以换取最基本的物质生活资料。

二 酗酒闹事

嘉庆十二年四月二十五日禀文云：

> 现据源源店铺民邓华瑞禀称：切蚁向在三巴下开张源源裁衣店营生。祸因本月二十四晚灯候，有三角帽夷人喇嗦［Russel］家黑奴计丹唦、架嚁生二名酗酒，率同黑奴多人路经蚁店，蜂拥进内，大声要茶吃用，蚁见凶横，不允取用，讵该黑奴等不分皂白，胆敢逞凶，将铺内伙计什物恃强拆毁，登投邻保□［见］过。似此酗酒凶夷，恃强生事，毁烂物件，目□［无］天朝法纪，势着禀恩仁宪，伏乞饬差验明法究，严谕夷目，转饬夷人喇嗦，将该黑奴等送出惩治，饬令陪还什物，俾凶夷知儆，万代沾恩。等情。并据地保刘关绍查禀被毁什物件数到本分府。①

---

① 刘芳辑：《葡萄牙东波塔档案馆藏清代澳门中文档案汇编》，章文钦校，澳门基金会 1999 年版，第 20 页。

嘉庆十六年十月二十二日禀文：

现访得澳内有黑奴酗酒滋事，该夷目并不管束，殊属不合。除出示严禁，并移戎厅查究外合行札饬。札到该夷目，立即将滋事之黑奴等严行责处约束。倘敢复行滋事，定行。①

嘉庆十七年六月二十九日禀文：

照得现据地保刘关绍、郑绍章禀称：本月二十七日申牌时候，有夷目唛嚟哆家使用黑奴数人，拉住不识姓名孩子，经过桥仔头街口，适被孩子挣脱，黑奴痴蛮，遂捏指经元磁器铺莎摆，回纠多奴，复往经元铺内吵闹，竟将磁器乱碎，约值价银二十余两。投诉番差，责令夷目将打碎磁器照价赔偿，黑奴责惩，各皆情允。惟是澳内黑奴数百，每有呼群引队，在于街上，或截抢果贩，或酗酒行凶，多端滋事，不可枚举。该黑奴等性本凶蛮，主夷亦属不察，以致猖狂日甚。小的等不敢为其隐瞒，合将情由禀明，恳乞谕饬夷

---

① 刘芳辑：《葡萄牙东波塔档案馆藏清代澳门中文档案汇编》，章文钦校，澳门基金会1999年版，第20页。

目,传知各夷,嗣后务要严束黑奴,不许如前滋扰,以杜酿祸。等情。到本分县。①

嘉庆十七年八月二十八日禀文:

随讯据吴亚表供:小的今年二十三岁,在澳三层楼开张文盛店卖果子、面包生理,已有四年,母亲、妻子同在店内居住。本日酉刻,有澳额虚素洋船水手头嚤嚧鬼一名酒醉,手拿破玻璃罇半截、石头一块来到店内,向小的取食面包、果子,小的见其醉酒,不肯交他,他就将石块掷打小的,小的与他缠扭,推他出门,不想多少兵鬼、黑奴拥入店内,将小的围殴,偏右心坎等处受伤。并将邻铺郭宁远等寻殴重伤。又将小的及邻铺房屋铺面俱打坏,各兵鬼俱不识得他名字,那水手头嚤嚧鬼小的认识,他身高皮黑,有须,已奉夷目到来,骂他滋事,着黑奴带回去了,求验究。②

约嘉庆二十年禀文:

---

① 刘芳辑:《葡萄牙东波塔档案馆藏清代澳门中文档案汇编》,章文钦校,澳门基金会1999年版,第21页。

② 同上书,第328页。

照得澳门乃夷人赁居之所，内有黑子一种，性尤桀悍，往往买酒饮醉，即行滋事，不可不严行防范。

兹本代理分府访有华人，竟敢在澳内开铺，贩买［卖］酒食与黑夷沽饮，以致醉后行凶，无所不为。即如秋间西洋艺人殴杀红毛夷人，及因赊欧伤华人甘亚拱等两案，均因酗酒争闹起，此其明证。甚为地方之害，叠经前任出示严禁。诚恐日久法弛，有等不法之徒，贪图财利，复萌故智，亦未可定。

兹本县奉大宪檄委，代理军民府篆，不得不严行查禁，除饬左［堂］严密查拿外，合集严禁。为此，示谕澳内铺户、地保人等知悉，一切食物生理，仍准照常买卖，惟不许在澳内开设酒肆，买［卖］与黑夷酗饮，及私押物件等弊，致酿事端。倘敢故违，一经察出，或彼告发，立拿该铺户人等枷示，该地保徇隐故纵，定提责革，决不姑宽。各宜凛遵。毋违。特示。［下缺日期］①

---

① 刘芳辑：《葡萄牙东波塔档案馆藏清代澳门中文档案汇编》，章文钦校，澳门基金会1999年版，第22页。

嘉庆二十一年闰六月初六日禀文：

照得本月初四日晚，据梁全佐负伤投验前来。当验得梁全佐头偏左一伤，皮破血出，系石块伤，据称系管库大舅家黑奴用石块掷伤。右手腕一伤，斜长一寸五分，皮破，系盘瓦伤，据称系白眼夷家黑奴用盘瓦划伤。余无别伤。随讯梁全佐供称：小的系南海县平洲村人，初四日在前山担挑缸瓦来澳售卖，路经风顺庙下歇凉，适有黑奴一人食醉了酒，用石块掷烂笠上缸瓦，小的要他赔偿，并欲拖他投诉管库。因黑奴酒醉仆地，被一白夷来到，看见黑奴睡地，说系小的打他，喝令各黑奴殴伤小的头偏左右手腕是实。至打烂小的缸瓦七、八件，约值铜钱数百文，求验究。①

黑奴"醉后行凶，无所不为"② 时有发生，因此就有文件下令各铺不准私自卖酒给黑奴，如有发现，"立拿该铺户人等枷示"③。嘉庆十五年的一份条议中也写道：

---

① 刘芳辑：《葡萄牙东波塔档案馆藏清代澳门中文档案汇编》，章文钦校，澳门基金会1999年版，第330页。
② 同上书，第22页。
③ 同上。

> 据禀：私开小押酒店，引诱黑奴聚饮，兼以导窃家财物件，求饬禁改业营生，不许复萌，饬定章程永办。等语。据该府厅查复：澳夷黑奴如有私向店面买酒嗜饮，原应随□□［随查］禁。应请饬令地方查禁，嗣后务必加意稽察，有□□［犯必］惩。①

这些文件、条议有时并不起什么作用，有的铺户还是照旧卖酒给黑奴，于是黑奴常常结伴出来酗酒闹事。

三 打架斗殴

《广东按察使潘思榘奏请于澳门地方移驻同知一员专理夷务折》中记载：

> 但夷性类多贪黠，其役使之黑鬼奴尤为凶悍，又有内地奸民窜匿其中，为之教诱唆使，往往冒禁触法，桀骜不驯，凌铄居民，玩视官法，更或招诱愚民入教，贩买子女为奴仆，及夹带违禁货

---

① 刘芳辑：《葡萄牙东波塔档案馆藏清代澳门中文档案汇编》，章文钦校，澳门基金会 1999 年版，第 421 页。

物出洋，种种违犯，虽经督抚臣严行示禁，臣亦力为整饬，究以越在海隅，未得妥员专理，势难周察。①

嘉庆十六年九月初五日禀文：

案照本分县访得杨逢泰江门渡船夹带鸦片。当经饬差拿获，并将管舱口船户郑亚五带案。讯据供称，系外海人陈美五及许遐运来澳，合伙容成彩等买回江门销售，并供开在澳之私贩铺户人等在案。查鸦片一项，现奉上谕，查禁森严。本分县随即饬差将屯贩鸦片之许遐运、韦亚和等拿讯解究。初四日申刻，据差役等禀称：奉差前往夷人大鬼女婿行内，传唤许遐运、韦亚和赴讯。被该夷目黑奴同一十二人逞凶庇护，执持木枋轿杠，将小的等凶殴，伙伴杨彪受伤仆地，仍被黑奴抬往夷目屋去。等情。②

---

① 中国历史第一档案馆、澳门基金会、暨南大学古籍研究所合编：《明清时期澳门问题档案文献汇编》（一），人民出版社1999年版，第193页。

② 刘芳辑：《葡萄牙东波塔档案馆藏清代澳门中文档案汇编》，章文钦校，澳门基金会1999年版，第130页。

嘉庆二十一年四月初三日禀文：

　　本年四月初二日，据澳差缪太禀称：三月二十五日未牌时候，有澳门新桥外鸿记棚厂铺李敬五工伴杨亚五，在风顺庙门首看夷人出祖公争斗，被黑夷数人将杨亚五殴伤。又三月二十九夜，有黑夷数十人在娘妈阁后山抛掷石块，不遵阻止。幸各人畏避，未有受伤。各等请。到县。①

嘉庆二十一年七月二十一日禀文：

　　现据孀妇蔡黄氏禀称：伊子蔡亚尚丁年童稚，因捉驯鸟，误入澳夷化冷思时故［Francisco］花园之内，突被该夷督率［黑奴］，将蔡亚尚捏偷花抬，惨殴重伤，并将辫发割断，乞验伤痕，押令保辜调治。等情。②

四　充当葡人的打手

乾隆五十九年九月十五日禀文：

---

① 刘芳辑：《葡萄牙东波塔档案馆藏清代澳门中文档案汇编》，章文钦校，澳门基金会1999年版，第435页。
② 同上书，第330页。

本年八月二十八日，圾水陈亚贤等耸夷统率黑奴，持械入铺，拆毁瓦面，打破酒坛，失去钱文。乾隆五十二年八月内，澳门兵头、管库带领黑奴，拆毁郭南泉等铺，并拆毁营地街民人蓬铺，及纵黑奴赴望厦村偷挖薯芋。①

乾隆五十九年十二月二十日禀文：

据澳门四乡地保吴厚禀称：十二月十三日有北山村民人杨亚熙因装柴草来澳发卖，偶将夷人小三板碰着，被夷人黑奴拖至门口，用棍打伤，现在夷目唛嚟哆请医调治。等情。到县。②

嘉庆五年三月十六日禀文：

据此，当将解来梁亚顺讯据供称：因夷兵于上年九月内赊欠粉食钱一百二十四文，屡讨不交。本月十四日在石闸门地方适遇，向讨前欠不

---

① 刘芳辑：《葡萄牙东波塔档案馆藏清代澳门中文档案汇编》，章文钦校，澳门基金会1999年版，第259页。
② 同上书，第321页。

还，反率黑奴多人围殴重伤，小的并无统匪索殴。等情。……谕到该夷目，即便遵照，查明该夷兵系属何人，并究出黑奴等，照例分别责处，并追出赊欠铜钱一百二十四文，禀缴本分县，以凭给领，毋得偏徇未便。特谕。①

嘉庆十年十二月初十日禀文：

华人王时官买屋高筑，遮蔽夷屋，理劝照旧修复，反多添工匠，连夜兴修，又着通事同差带数黑奴酌知王时官停止修筑，俟批行定夺。后黑人与工匠殴打起来，民人曾亚全、王亚坎等喝报，俱被黑奴用石掷伤。②

黑奴充当葡人的打手，成为葡人在澳门的保镖。因为在澳门，葡人的数量远远比不上华人的数量。因此如果遇到与华人发生纠纷，葡人则用黑人奴仆充当帮手。

---

① 刘芳辑：《葡萄牙东波塔档案馆藏清代澳门中文档案汇编》，章文钦校，澳门基金会 1999 年版，第 291 页。
② 同上书，第 323 页。

五　参与偷卖鸦片的不法活动

道光十七年十一月内,钟亚二探知素识西洋夷楼有黑奴偷卖鸦片烟土,价值便宜,起意贩卖获利,随陆续用番银一二十圆,买得烟土二三十斤,携回家内,零星转卖与不识姓名人,不记次数。①

黑奴不仅参与偷卖鸦片活动,有时还出去嫖娼。有些甚至串通华人一起杀死其主人。约道光二十二年禀文载:

陈亚友供:年三十六岁,是香山杨梅斜村人。父母俱故,兄弟五人,小的居四。娶妻曾氏,现在澳门敦和里居住,小的平日经纪度活。因有夷妇喽嘜哂哑 [Laurencia] 在小的屋后居住,该夷妇平日性情泼烈,往往鞭挞奴婢,有黑奴吽咕一名,每被夷妇及伊子叮嗅时常鞭挞。

适于前月,该黑奴宿娼,又被夷妇鞭挞,心怀不平,遂于十月初四日起意,同小的商量,叫

---

① （清）林则徐:《林文忠公政书》,中国书店1991年排印本。

人到他家里偷窃泄忿。小的因贫苦难度，当时应允。初八日，那黑奴先往香港，小的十六日绕去，十七日到埠。遇见那黑奴，称说已邀定李亚华、梁亚安、梁亚保，小的随邀得谭建伦一名，连黑奴一共六人。那梁亚安雇有不知姓名的新安蟹艇一只，即于廿二晚一同坐驾开行，廿三晚七点钟时候到澳，在劏狗环地方抛□［泊］。

各人登岸，藏带顺刀，先后到该夷妇家内，小的乘间躲在土库处，那黑奴哐咕带引李亚华等四人私到厕坑躲匿，是夜会齐登楼，那咖喇啦女夷奴叫喊，小的用刀斩伤他［她］，头上一伤。那谭建伦亦将黑妹吗唎哑呶杀死。讵黑夷奴哐咕手持大刀，将夷妇嗖嘭哂哑连伊子吁嗥一并杀死，随搜得心□针二枝、药膏四□，仍由大门而出，小的叫李亚华等先往香港太平山□□，小的欲迟三五天随后前往，即给拿获，至该夷楼凶刀系小的遗下的，今奉查讯，小的据实供明，求开恩。①

虽然黑奴到处滋事生非，但他们毕竟是下层奴隶，有时也会受到伤害。约嘉庆三年禀文：

---

① 刘芳辑：《葡萄牙东波塔档案馆藏清代澳门中文档案汇编》，章文钦校，澳门基金会1999年版，第345页。

据当时的夷目禀称：本年四月间在安南置买槟榔数千担，本船载满，所剩槟榔数百［担］，就在该处另买小艚船一只，装泊回岙。大船先行，该船在后。船上及水手、黑奴，并有唐人厨子三人。于本月初十日回至新安县胆港［担杆］海面，适遇寇船擒获过船，鏖杀黑奴两个、水手三人，并杀唐人厨子三人，将货劫掠，止留空船几人逃回。①

嘉庆六年正月初六日禀文：

据夷目唩嚟哆禀称：现据澳夷嘪喊［Manuel］投称：本月初七日着黑奴前往东望洋山边洗涤衣服，被案匪梁亚富等五人近奴身边借火食烟，各持铁尺挖钻等物，将奴围殴，头颅四伤，左臂二伤，遍体淤黑，伤医未痊，所洗衣服大小四十余件被富等尽抢，叩乞缉究。②

---

① 刘芳辑：《葡萄牙东波塔档案馆藏清代澳门中文档案汇编》，章文钦校，澳门基金会1999年版，第247页。

② 同上书，第313—314页。

黑奴作为葡萄牙人船上的护卫，经常为了保卫主人的安全而有生命危险。而且一些爱滋事的华人也会故意招惹黑奴，围殴他们，致使黑奴"头颅四伤，左臂二伤，遍体淤黑"，其遭遇让人可怜。

　　在澳门，黑人的犯罪现象虽然无法完全杜绝，但是也不是普遍现象。在澳门整个历史发展的过程中，黑人的作用是不容忽视的，其地位是不可替代的。同时，黑人犯罪现象也成了中葡双方交涉的一个关键问题。

第二节　明清政府及澳葡对黑人的管理

　　黑人的犯罪现象非常严重，从而引起明清政府以及澳葡的重视。明清政府和澳葡采取了不同的管理措施。

　　明朝嘉靖年间葡萄牙人入居澳门后，明朝对澳门进行了严密的设官置守，在澳内设立提调、备倭、巡缉及澳内抽分官，在澳外则有海道副使、海防同知、市舶提举、关闸把总、香山参将等。[①] 明朝对澳门实

[①] 汤开建：《明朝在澳门设立的有关职官考证》，载汤开建《澳门开埠初期史研究》，中华书局1999年版，第174—202页。

施了一整套管理制度,而且制定了一系列管理澳门的条文,试图对澳门"建城设官而县治之",以求达到"以汉法约束之,此谓夏变夷也"①的目的。

万历四十二年(1614)海道副使俞安性立《海道禁约》五事:禁止澳葡蓄养倭奴、掠卖中国人口、以兵船编饷逃税、接买私货、擅自兴建房屋亭舍。要求澳葡听从海道属下的海防同知的命令。②其中有两条涉及澳门奴隶的问题,禁蓄养倭奴和禁买人口,尤其是不许收买唐人子女。由此看来,葡萄牙人不仅从非洲、印度、马来西亚,而且还从日本、朝鲜等地掠买奴隶役使。

明朝对澳奴犯罪处理是相当严格的。《按粤疏稿》卷6就记载了一个明政府处理几名朝鲜奴隶的案件。案件基本情况是,万历三十五年(1607)七月,14名澳门葡人奴仆驾着一艘小艇离澳出去砍柴,途中遇到明朝海上巡稽船,澳船逃遁,明兵船追捕,双方都以为对方是倭寇,互相格斗,澳船伤死明兵3人,明兵船亦杀死澳奴2人,又有4人在格斗中落水溺死,其余8名澳奴被捕。本来此事为双方误会引起,且双方

---

① (明)霍与瑕:《霍勉斋集》卷19《处濠镜澳议》,清光绪丙戌重刊本。
② (清)印光任、张汝霖:《澳门记略》卷上《官守篇》,澳门文化司署1992年版。

各有死伤，本应由广东地方政府和澳葡政府谈判解决。但明朝官员为了邀功请赏，遂谎报情况，说这批澳门葡奴是倭寇，共有50余人，在海上"行劫白艚等船财物，杀死客人，又突入广海内地"，被官兵抓获，以"强盗得财"罪判处斩刑。由于语言不通，被捕澳葡奴仆无法诉辩。其中5名澳奴即在狱中死去，剩余3名在狱中监候。万历四十三年（1615），广东巡按田生金复审此案，召通译详审才发现此案有疑点，遂展开调查，发觉这批澳奴均是朝鲜釜山人，被倭寇卖与澳葡为奴，且这批澳奴主人均在，亦承认确实曾要这些奴仆离澳砍柴，但迷失未归。又质问于澳门兵头，亦确证这批澳奴在澳门有登记。经反复查证，才知此案实为一大"冤案"。田氏遂上报朝廷，呈请将原判斩刑尚未执行的3名澳奴释放，着主人领回。①

之前对澳奴的处理是相当严重的，而且遵循了当时处理"化外人"的总原则，"化外人有犯，并依律问断"②。"律"当然是指明朝的律令。

入清以后，对澳门的管理政策发生了很大的变

---

① （明）田生金：《按粤疏稿》卷6《辩问矜疑罪囚疏》，天津古籍书店影印万历元刊本。
② （清）印光任、张汝霖：《澳门记略》卷上《官守篇》，澳门文化司署1992年版。

化。康熙六十年（1721），葡人尼古拉·费乌默斯（Nicolau Fiumes）的几名奴隶杀死一位中国蛋民后，全部逃遁，议事会付给县令300两银子才算了事。① 雍正八年（1730）香山县丞设立以前，澳门"改归县属"②，澳门民夷事务一直由香山县令兼管。③ 可见，香山分防澳门县丞设立之前，香山县令一直起着重要的作用，而且此后也一直发挥着作用。

乾隆八年（1743）清政府又在广州府增设分防澳门海防军民同知一员，而香山分防澳门县丞成了同知的直辖下属，④ "既设同知，所有香山县县丞应移驻澳门，专司稽查民番一切词讼，仍详报该同知办理"⑤。这其中包括华人、葡人及其所有的黑奴、外国人之间发生的刑事案件，他们的一切词讼香山县丞均受理。香山县丞开始参与管理澳门事务，成为清代唯一兼管外事的县丞，同时又成为澳葡当局与清政府沟通的主要渠道。

---

① Pe. Manuel Teixeira, *Macau no Séc. XVIII*, Imprensa Nacional de Macau, 1984, p. 234.

② （清）印光任、张汝霖：《澳门记略》卷上《官守篇》，澳门文化司署1992年版。

③ 《清高宗实录》卷317，中华书局1985—1987年影印本。

④ （清）印光任、张汝霖：《澳门记略》卷上《官守篇》，澳门文化司署1992年版。

⑤ 同上。

乾隆九年（1744），同知印光任颁布《管理澳夷章程》七条，①对葡、华居澳民人都有约束，尤其强调了海防安全。

乾隆十四年（1749），同知张汝霖、香山县令暴煜又制定了《澳夷善后事宜条议》十二条，得到葡使庇利那（António Pereira da Silva）的赞同，"台府敕勒诸石，汉蕃文各一具"②，以示永远信守。其内容包括驱逐匪类、稽察船艇、赊物收货、犯夜解究、夷犯分别解讯、禁私擅凌虐、禁擅兴土木、禁贩卖子女、禁黑奴行窃、禁匪夷娼窝藏匪类、禁夷人出澳、禁设教从教。③其中有两条涉及黑人的：

> 赊物收货。凡黑鬼出市买物，俱令现银交易，不得赊给，亦不得收买黑奴物件。如敢故违，究逐出澳。

> 禁黑奴行窃。嗣后遇有黑奴勾引华人行窃夷物，即将华人指名呈禀地方官查究驱逐，黑奴照夷法重处，不得混指华人串窃，擅捉拷打。如黑奴偷窃华人器物，该夷目严加查究，其有应行质

---

① （清）印光任、张汝霖：《澳门记略》卷上《官守篇》，澳门文化司署1992年版。
② 同上。
③ 同上。

讯者，仍将黑奴送出讯明定拟，发回该夷目发落，不得庇匿不解。如违即将该夷目惩究。①

规定黑奴买东西必须以"现银交易，不得赊给，亦不得收买黑奴物件"，目的就是杜绝他们到处赊账，防止他们用偷来的物件作抵押，从而避免引发中葡之间的矛盾和不必要的麻烦。《澳夷善后事宜条议》涉及的内容包括行政、司法、宗教等方面，是继《海道禁约》和印光任七项章程之后一部较为系统、详明的管理澳门章程，是清朝政府治理澳门的一部完整的法规条例。

明清政府在管理澳门的同时给予澳葡一定的自治权利，而且葡人一直也在为取得澳门自治权而努力。1576年，罗马教皇格雷戈利奥十三世（Gregório XIII）颁布谕令，正式建立澳门葡萄牙教区。1581年，第二任主教唐·莱奥纳多·德·萨（D. Leonardo de Sá）抵达澳门。② 随着天主教在澳门的不断传播，主教在澳门事务的决策中也起了一定的作用。而且1580年，葡萄牙从里斯本派了一名理事去澳门。也就是中文文献

---

① 黄培坤：《澳门界务争持考》，广东省图书馆1931年刊本。
② ［葡］施白蒂：《澳门编年史（16—18世纪）》，小雨译，澳门基金会1995年版，第18—19页。

中所称的"唛嚟哆"①，通常会加上"夷目"两字，"夷目"并不是朝廷封授的高官，只是中国人对外国首领的泛称。1584年议事局的成立，1586年澳门被升格为拥有和埃武拉同等自由、荣誉和显著地位的城市。②葡人逐渐在澳门形成了自治管理机构。

到了明中叶以后，葡人对于澳门境内的治安及审讯事件绝大多数是自己处理。是因为，其一，当时本应管辖澳门的地方官惧怕葡萄牙人，葡萄牙人有坚船利炮、有勇猛的军队，而且他们还经常"凌轹居民，玩视官法"③；其二，葡人经常贿赂地方官。万历十年（1582），两广总督陈瑞召见澳门自治机构头目，要他们到总督府所在地肇庆解释为什么不经过中国政府批准而自行成立政府一事。《利玛窦中国札记》详细记

---

① "唛嚟哆"，（刘芳注）当为葡语 vereador 音译，意为议事会委员，然汉文档案史料中常出现有唛嚟哆字样，实指理事官（procurador），是议事会成员之一，一年一任。其职权范围初期仅是议事会检察长（verador fiscal），管核公共财政，并作为沟通中国官员的负责人，兼任议事会委员、库官（tesoureiro）、关税总管。17世纪初至19世纪中叶，在处理民蕃交涉问题上，兼有某些司法方面的职能。（章文钦注）十多年前，承业师戴裔煊教授惠告，唛嚟哆为西文 procurador 的音译，因粤方言山口音将 P 读为 V 音，故将词头 pro 音译为"唛"。参见刘芳辑《葡萄牙东波塔档案馆藏清代澳门中文档案汇编》，章文钦校，澳门基金会1999年版，第1页。

② ［葡］施白蒂：《澳门编年史（16—18世纪）》，小雨译，澳门基金会1995年版，第22—23页。

③ 中国历史第一档案馆、澳门基金会、暨南大学古籍研究所合编：《明清时期澳门问题档案文献汇编》（一），人民出版社1999年版，第193页。

载了两广总督陈瑞受贿后,"笑着通知他们,该地一切情况可以照旧继续下去"①。《中华帝国对外关系史》中也有记载:

> 1593年,葡萄牙人在该地(指澳门)的参议会曾向葡萄牙国王上书说:为了维持我们在此地的居留,我们必须向异教徒的中国人花费很多。②

葡萄牙人为了取得在澳门的自治权,以钱财来贿赂明清官员,投其所好,慢慢在澳门立住了脚跟。因此,葡人擅自处理案件,而不交由香山县令来处理,也就成为见怪不怪的事情,"蕃人有罪,夷目俱照夷法处治"③。

乾隆十三年(1748)葡兵亚吗卢、安哆呢杀死中国人李廷富和简亚二,中国官方通过交涉,迫使兵头若些"缚送二犯,当以弃尸,而失重罪,准诸夷法,

---

① [意]利玛窦:《利玛窦中国札记》,何高济等译,中华书局1983年版,第149页。
② [美]马士:《中华帝国对外关系史》第1卷第3章,张汇文译,商务印书馆1963年版。
③ (清)印光任、张汝霖:《澳门记略》卷上《官守篇》,澳门文化司署1992年版。

永成地满"①。地满，就是帝汶。帝汶一度成为澳门犯人的流放地。在澳犯法之人被"永成地满（帝汶）"。

道光六年（1826）正月，澳门葡人马努埃尔（Manuel）杀澳民严亚照，知县蔡孟麟揭报总督，总督又檄广州府知府、香山协副将、澳门同知偕孟麟赴澳，最终经过审判在澳门将马努埃尔处决。②这两件事的处理并没遵循"化外人，依律拟断"的原则，而是在澳门按照夷法对"化外人"进行了处置。

对于黑人犯法的处理，也逐渐改由澳葡自己处理了。而且1712年，葡萄牙一项王室法令重申不再听从中国官员的命令后，③黑人的处理也改在澳门执行，以西洋之法处决之。康熙五十一年（1712）杀死华人的黑奴便以西洋之法"炮火轰死"。

> 1712年，死刑又在乱哄哄的情形下被执行；在兵头诺罗尼亚（António de Sequeira de Noronha）的命令下，一个黑奴因杀害一名华人，被放在城堡的炮口下炸得粉身碎骨；另外8个黑人受到沿

---

① （清）印光任、张汝霖：《澳门记略》卷上《官守篇》，澳门文化司署1992年版。
② 同上。
③ ［葡］徐萨斯：《历史上的澳门》，黄鸿钊、李保平译，澳门基金会2000年版，第110页。

街鞭笞的惩罚，然后被装上船运往马尼拉卖掉。卖得的钱分给了被害华人的家属以及抓获罪犯的中国官员的手下。①

这次，澳葡处理得较为公正，不仅受害人家属得到了赔偿，连抓获罪犯的中国官员的手下也分到了一定的报酬。此次处理犯法黑奴是相当严厉的，不只是杀害华人的黑奴"被放在城堡的炮口下炸得粉身碎骨"，连其同谋也被鞭笞，然后又被运往马尼拉卖掉。看来澳葡对犯法黑奴的处理是有一套严格法律程序遵循的。如"以炮火轰死"这一西洋之法，《澳门记略》中载：

> 重则悬于高竿之上，用大炮打入海中；轻则提入三巴寺内，罚跪神前，忏悔完结。②

《新修香山县志》卷4亦云："其法轻予鞭，稍重遣地满。死刑则或勒或戮，或焚或缚，置炮口而烬之，监禁则贱者在矢牢，贵者在炮台。"③ 有时候，还

---

① ［葡］徐萨斯：《历史上的澳门》，黄鸿钊、李保平译，澳门基金会2000年版，第110页。
② （清）印光任、张汝霖：《澳门记略》卷上《官守篇》，澳门文化司署1992年版。
③ （清）祝淮：《新修香山县志》卷4《海防·附澳门》，清道光七年刊本。

会出现由于澳葡对黑奴约束太严,甚至牵连他人的现象。《新修香山县志》:

> 乾隆五十二年(1787)八月,黑奴饮营地街,醉卧,不服夷官约束。夷官以肆主之卖酒与黑奴也,反责之,邻肆与辨,遂迁怒,督黑奴拆毁寮铺,殴伤民人,并纵黑奴在望厦村偷窃滋事,货船到澳不报,地方官往澳弹压,强词不顺。①

嘉庆二十一年闰六月初六日禀文:

> 据梁全佐报称:有黑奴一人食醉了酒,用石块掷烂笠上缸瓦,小的要他赔偿,并欲拖他投诉管库。因黑奴酒醉仆地,被一白夷来到,看见黑奴睡地,说系小的打他,喝令各黑奴殴伤小的头偏左右手腕是实。至打烂小的缸瓦七、八件,约值铜钱数百文,求验究。②

---

① (清)祝淮:《新修香山县志》卷4《海防·附澳门》,清道光七年刊本。
② 刘芳辑:《葡萄牙东波塔档案馆藏清代澳门中文档案汇编》,章文钦校,澳门基金会1999年版,第330页。

黑奴喝醉酒，不听主人的管束，主人就怪罪卖酒给黑奴的店主，而且当"邻肆与辨，遂迁怒，督黑奴拆毁寮铺，殴伤民人，并纵黑奴在望厦村偷窃滋事"。黑奴喝醉酒倒地，反而旁人挨打，损失严重。这两件事都是由黑奴喝醉酒引起的，其主人非但没有责怪醉酒的黑人，反而怪罪旁人。究其原因，澳葡不允许华人卖酒给黑奴。嘉庆十五年的一份条议中就写道：

  据禀：私开小押酒店，引诱黑奴聚饮，兼以导窃家财物件，求饬禁改业营生，不许复萌，饬定章程永办。①

黑奴喝酒被处以绞刑在明代就有。1638年，曾绞死几个因喝醉酒杀害了三名中国人的黑奴。② 对于黑奴的处理，绞刑是很严厉的。1708年，前往马尼拉的船上有12个黑人是要被运往马尼拉卖掉的，黑人在途中发生暴动，夺取船只后逃回澳门，当局本想把他们处以绞刑，但后来只是把他们关进了监牢。③ 嘉庆五

---

  ① 刘芳辑：《葡萄牙东波塔档案馆藏清代澳门中文档案汇编》，章文钦校，澳门基金会1999年版，第421页。
  ② ［葡］施白蒂：《澳门编年史（16—18世纪）》，小雨译，澳门基金会1995年版，第47页。
  ③ 同上书，第76页。

年三月十六日禀文：

> 梁亚顺供称：因夷兵于上年九月内赊欠粉食钱一百二十文，屡讨不交。本月十四日在石闸门地方适遇，向讨前欠不还，反率黑奴多人围殴重伤，小的并无统匪索殴。等情。……谕到该夷目，即便遵照，查明该夷兵系属何人，并究出黑奴等，照例分别责处，并追出赊欠铜钱一百二十四文，禀缴本分县，以凭给领，毋得偏徇未便。①

这一"黑奴围殴事件"表面看来是由中方处理的，其实最终还是以"谕"的形式移交给澳葡去处理，黑奴有没有受到责罚、赊欠的铜钱有没有被追回都成了一个未知数。《粤海关志》中载：

> 而夷商所带黑鬼奴，性多蠢暴，若令其全用黑鬼奴，诚恐聚集人多，出外与民人争扰，转致滋生事端。应请嗣后夷馆应需看货、守门及挑水、挑货人等，均由买办代为雇请民人。②

---

① 刘芳辑：《葡萄牙东波塔档案馆藏清代澳门中文档案汇编》，章文钦校，澳门基金会1999年版，第291页。
② （清）梁廷枏：《粤海关志》卷29《夷商四》，袁钟仁校注，广东人民出版社2002年版，第560—561页。

因为黑奴好闹事,所以中国政府规定,看货、挑水、挑货等职务要求葡人雇请民人担任。由此可见,在中方要求下葡人对黑人的管理自有一套规定和条文,而且管理也是很严格的。对于黑人逃跑,议事会也专门制定了相关措施。乾隆三十八年(1773),鉴于许多黑人逃走,议事会决定把他们用一条铁链拴在一起,然后,由议事会选择的一个人负责,强迫他们"清扫本市街道和炮台",每月给他们二十五卡特大米,每天二两鱼。① 但是有时也能看到葡人对黑人犯罪现象不加约束,"置若罔闻",致使黑人犯罪现象不断发生。究其原因是跟当时澳门经济发展有关,随着澳门经济的不断衰落,葡人在澳门的生活质量也变得大不如前。他们在连自己都无法管理的情况下,也没精力去管理黑奴,更没有财力和物力去养活大量的黑奴。于是黑奴外出闹事的现象时有发生。

---

① [葡]施白蒂:《澳门编年史(16—18世纪)》,小雨译,澳门基金会1995年版,第168页。

第七章　澳门黑人的社会职能和去向

第一节　澳门黑人的社会职能

明清时期,大量黑人来华。尤其是葡萄牙人东来,带来了许多黑人,他们在中国繁衍生息。1554年澳门开埠,作为中国最早对欧洲开放的贸易港口,澳门逐渐成为华洋杂居之地。其中,黑人在澳门社会中起着重要的作用,而且有着不可替代的地位。

第一,充当士兵。黑人勇敢善战,忠于职守,而且他们战斗力很强,冲锋陷阵,在所不辞,因此"将官买以冲锋"[①]。工部右侍郎赛尚阿在奏陈澳门情况时也说:"又有番哨三白余人,皆以黑鬼奴为之,终年

[①] (明)蔡汝贤:《东夷图说》之《黑鬼》篇,北京图书馆藏明万历刻本。

训练，无间寒暑。"① 黑人充当士兵，成为澳门最主要的军事力量。

1606年，黑人和葡萄牙人一起参加了在青洲小岛的战斗。② 1622年，在葡荷战争中，黑人对战斗的胜败起了决定性的作用。当时甚至还有一名女黑奴女扮男装，杀死了2名荷兰人。③ 文德泉的《澳门的奴隶贸易》中也记载了当时的情况，来自非洲的黑奴，构成了澳门在1622年击败荷兰人进攻的那支部队的一部分。根据另一份同时代的文献记载，一个非洲奴隶杀死了许多敌人。④ 后来，荷兰总督扬·彼得松·库恩在他的公文中写道：

> 许多葡萄牙的奴隶，卡菲尔人以及他们的同类，喝得醉醺醺的，对我们的步枪，一点也不知道害怕，其场景真是令人叹为观止。

---

① 中国历史第一档案馆、澳门基金会、暨南大学古籍研究所合编：《明清时期澳门问题档案文献汇编》（二），人民出版社1999年版，第261页。

② ［葡］徐萨斯：《历史上的澳门》，黄鸿钊、李保平译，澳门基金会2000年版，第45—46页；戴裔煊：《〈明史佛郎机传〉笺正》，中国社会科学出版社1984年版，第89—94页。

③ ［葡］徐萨斯：《历史上的澳门》，黄鸿钊、李保平译，澳门基金会2000年版，第55—56页。

④ Pe. Manuel Teixeira, *O Comércio de Escravos em Macau*, Macau: Imprensa Nacional, 1976, p. 6.

一年以后他又说：

　　澳门葡萄牙人的奴隶对他们忠心耿耿，正是这些奴隶在去年打败并驱逐了我们的人。①

这次胜利意义重大，使荷兰彻底放弃了占领澳门的想法，转而把注意力转移到中国东南沿海的台湾及澎湖群岛一带。当时为了嘉奖黑奴表现出来的忠诚和勇敢，得胜者（指葡萄牙人——引者注）当场宣布归还黑奴的人身自由。事后，（广东）海道也给黑人送来了几百担大米。②

当时威震东南海上的"一官③船国"中也有一支黑人雇佣兵，因为郑芝龙的女婿从澳门来到安海时，为他带来了大量的黑人充军。④ 当时在福建的何大化

---

① ［印］桑贾伊·苏拉马尼亚姆：《葡萄牙帝国在亚洲1500—1700：政治和经济史》，何吉贤译，纪念葡萄牙发现事业澳门地区委员会1997年版，第238页。

② ［葡］徐萨斯：《历史上的澳门》，黄鸿钊、李保平译，澳门基金会2000年版，第57页。

③ 即郑芝龙，因为他在家中排行老大，因此小名叫"一官"或"郑一"。

④ ［葡］何大化：《中国年札》，东方葡萄牙学会、葡萄牙国立图书馆1998年版，第323页。转引自金国平、吴志良《郑芝龙与澳门——兼谈郑氏家族的澳门黑人》，《海交史研究》2002年第2期。

就记录说：

>……
>
>唐王依靠一个福建人的勇敢与忠实在该省会（福州）设朝。他年轻时曾在亚马港成为基督徒，后从事海盗生涯，现在荣华富贵，将其义务忘得一干二净；但他手下有300个各种民族的黑人。他们都是基督徒，是他十分信任的卫兵。①

郑芝龙手下的黑兵忠实可靠，这些"黑番鬼""猛过白番鬼"，军饷也低于白人。而且黑人擅长铸造和操作火铳，②为郑氏家族的发展提供了部分武器保障。《在华方济各会会志》中就曾记载：

>这些士兵是郑芝龙从澳门和其他地方弄来的。……他们的连长叫马托斯（Luis de Matos）是一个聪明、理智的黑人……一官手下一直有大量的从澳门来的棕褐色的基督徒为其效劳。他们有自己的连队，是优秀的铳手（arcabuceros）。他

---

① ［葡］何大化：《中国年札》，东方葡萄牙学会、葡萄牙国立图书馆1998年版，第183页。转引自金国平、吴志良《郑芝龙与澳门——兼谈郑氏家族的澳门黑人》，《海交史研究》，2002年第2期。

② （明）朱纳：《虨余杂集》卷9《公移三》，四库存目丛书本。

（指郑芝龙——引者注）最信任他们，用他们护身、充兵役。①

这些黑人为郑氏家族事业的发展和巩固贡献不少。他们捍卫自己的主人，为主人赴汤蹈火，为主人而战。许多时候，黑人还通过语言的方式和勇敢的行为来表达对主人的忠诚。②郑芝龙对来自澳门的黑人是十分宽容的，有一次，黑人通宵达旦地庆祝耶稣升天节。黎明时鸣号放枪，"大官人听到这巨大声响，吃了一惊，因为他事先未得到消息。得知原因后，他下令赏众人酒水、糕点，并赐银作为白天继续庆祝的费用"③。郑芝龙对手下如此宽容、爱护，当然吸引不少黑奴来参加他的军队。

当时英国的船上也雇用了大量黑人士兵。嘉庆二十二年（1817），一艘英国船只驶至淡水、彰化交界之大安港外洋，意欲入口，达洪阿使军士等诱令从土

---

① 《在华方济各会会志》第2卷，第367页。转引自金国平、吴志良《郑芝龙与澳门——兼谈郑氏家族的澳门黑人》，《海交史研究》2002年第2期。

② Peter M. Voelz, *Slave and Soldier: The Military Impact of Blacks in the Colonial Americas*, New York & London, 1993, p.367.

③ ［葡］何大化：《中国年札》，东方葡萄牙学会、葡萄牙国立图书馆1998年版，第251页。转引自金国平、吴志良《郑芝龙与澳门——兼谈郑氏家族的澳门黑人》，《海交史研究》2002年第2期。

地公港驶进，搁于暗礁，船欹入水。后来据英国军官颠林供称：

> 此次大小船百余只，实在兵船连火轮船七八十只，内多贸易之船，配以军官，作为兵船，其兵皆黑人，雇自各岛，约四五万人；每月工资番银二三圆至十圆不等。①

英国兵船上竟然雇用了四五万黑人士兵，而且每月还付给他们工资，因此澳门军队雇用那么多的黑人士兵也就不足为奇了。

澳门军队中大量的黑人士兵不仅出外作战，而且他们中的许多人还是铸造佛郎机铳的能手。葡萄牙人在闽浙沿海通商时就曾大量役使黑人为他们铸造佛郎机铳，因为当时，"各处铸造佛郎机铳俱不得法，今多得之贼中"，黑人"往往能为中国语"，不仅充当铳手，而且"最得妙诀"，精通铸造法，② 因此他们成为铸造佛郎机铳的能手。郑芝龙部队中为数不少的黑人，其中不乏也有铸造火铳的能手，而且"是优秀的

---

① 《清史列传》卷44，王钟翰点校，中华书局1987年版，第3454页。
② （明）朱纨：《甓余杂集》，四库存目丛书本。

铳手"①，他们为郑氏家族的发展和壮大提供了部分武器保障。崇祯年间，韩霖曾上疏："购募澳夷数百人，佐以黑奴，载铳浮海，分凫各岛。"②看来，这些黑奴颇精通造铳之法。

第二，充当护卫。黑人忠于职守，遵守纪律，基于这一点，葡萄牙把从非洲和帝汶买来的家仆组成了自己防卫的坚固屏障。③

不仅如此，黑人还参加到澳门的社会治安管理中，澳门海关中的一小队黑人就与澳门议事会建立的一支市政卫队一起负责社会治安。而且这批黑人异常骁勇，用扁担就可以弹压骚乱。④ 根据洛伦索·梅希亚斯神父1548年12月8日记载，在澳门耶稣会会院，有19—29名非洲奴仆，其中一人为看门员，另一人是圣器管理员。⑤ 两个黑人奴仆都充当了澳门耶稣会会院的护卫，参与了澳门社会的治安管理工作。徐萨斯《历史上的澳门》称：

---

① 金国平、吴志良：《郑芝龙与澳门——兼谈郑氏家族的澳门黑人》，《海交史研究》2002年第2期。

② （明）韩霖：《守圉全书》卷3之1崔景荣《兵部覆疏》，台湾"中研院"傅斯年图书馆善本室藏明刊本，第110页。

③ ［葡］徐萨斯：《历史上的澳门》，黄鸿钊、李保平译，澳门基金会2000年版，第134页。

④ 同上书，第28页。

⑤ Pe. Manuel Teixeira, *O Comércio de Escravos em Macau*, Macau：Imprensa Nacional, 1976, p. 6.

（1826年）当时案例中的主犯被处以死刑时，后面跟着宗教界和法院的人，还有一支60人的卫队，以及60名黑奴。后来由于场面混乱，出现一支暴民，他们认为真正的凶犯躲藏在总督家里，于是把矛头指向了总督的府邸，总督为了镇压这支暴民，派了一个班的士兵带一大批用棍棒武装起来的黑奴出去迎战，他们勇敢地将暴民赶了出去。①

这60名"用棍棒武装起来的黑奴"和士兵一起"勇敢地将暴民赶了出去"，他们显然成了镇压暴民的功臣，成了卫队重要的组成人员。

黑人的勇敢以及对主人的忠实，使其成为主人出行的安全护卫。因此，葡人出行，黑奴常伴其左右。1565年，安徽人叶权即游澳门，他在澳门目睹了葡萄牙人外出，"随四五黑奴，张朱盖，持大刨棒长剑"②的情景。1640年澳门出使日本的人员中有3名随行的

---

① [葡]徐萨斯：《历史上的澳门》，黄鸿钊、李保平译，澳门基金会2000年版，第167—168页。
② （明）叶权：《贤博篇》，中华书局1987年版，第45页。

卡菲尔奴隶。① 1747 年，澳葡总督梅内泽斯（António José Teles de Meneses）还曾派他的一批黑奴护卫将中国海关官员为关闭行台修建一新的栅栏全部推倒。② 曾于1829—1833 年在澳门居住的美国姑娘哈丽特·洛（Harriet Low）在日记中也提到，1831 年 8 月 17 日，她在非洲卡菲尔奴仆的武装护卫下步行去欣赏歌剧。③ 可见，黑人成了主人出行的随身护卫。而且，葡萄牙人为了保证自身以及整个居住环境的安全，一般安排他们自己居住在房屋的上层，而黑奴居于最底层，以做好家庭护卫工作。屈大均也说："诸巨室多买黑人以守户。"④

大量的黑人参与澳门的社会治安管理，不仅保卫了澳门城市的安全，为市民提供了良好的生活保障，而且还保障了在澳葡人的安全。因为，葡人在澳的人数相对于华人来说毕竟要少，他们总是害怕华人会排挤他们、消灭他们，因此，葡人让大量的黑人奴隶参

---

① Pe. Manuel Teixeira, *O Comércio de Escravos em Macau*, Macau：Imprensa Nacional, 1976, p. 10.

② ［葡］徐萨斯：《历史上的澳门》，黄鸿钊、李保平译，澳门基金会 2000 年版，第 113 页。

③ ［葡］罗热里奥·米格尔·普戈：《从哈丽特·洛（希拉里）的日记看 19 世纪澳门性别的社会生活》，《澳门公共行政杂志》2002 年第 2 期，第 473 页。

④ （清）屈大均：《广东新语》卷 2《澳门》，中华书局 1985 年版，第 234 页。

与社会治安管理，以保证他们自身的安全。

第三，充当家仆。黑人"性愚而悍"常被掠来作为奴婢，①葡萄牙人居住的地方就有大批这样的黑奴，而且有些家庭拥有的黑奴数量竟达 20—30 人之多。②因为葡萄牙人喜欢蓄养黑奴，他们自从进入非洲探险后就开始大量役使黑人奴隶，他们乐于把黑人奴隶买回家中役使。③而且除了果阿和西海岸的殖民点外，在从纳格蒂姆到马六甲和澳门的广大地区内，葡萄牙人的家庭都蓄有奴隶。④这些被掠来或是被买来的黑人，充当着葡人忠实的家内奴隶，为葡萄牙人做着方方面面的工作。

1635 年，澳门"有 850 个有家室的葡萄牙人……他们平均有 6 个武装奴隶。其中数量最大、最优秀的是咖呋哩（cafre）人"⑤。据《蒙迪游记》记载，澳

---

① （清）王植：《崇德堂稿》卷 2《香山险要说——复抚都堂王》，续修四库全书本。

② [葡]徐萨斯：《历史上的澳门》，黄鸿钊、李保平译，澳门基金会 2000 年版，第 134 页。

③ [苏联]斯·尤·阿勃拉莫娃：《非洲——四百年的奴隶贸易》，陈士林、马惠平译，商务印书馆 1983 年版，第 14 页。

④ [印]桑贾伊·苏拉马尼亚姆：《葡萄牙帝国在亚洲 1500—1700：政治和经济史》，何吉贤译，纪念葡萄牙发现事业澳门地区委员会 1997 年版，第 238 页。

⑤ 金国平、吴志良：《郑芝龙与澳门——兼谈郑氏家族的澳门黑人》，《海交史研究》2002 年第 2 期。

门一种主要流行于葡萄牙和西班牙民族中的骑术和投球的游戏中,"每个骑士都有卡菲尔黑奴为自己传递泥球"①。清初到澳门的屈大均也记载道:

……

其侍立者,通体如漆精,须发蓬然,气甚腥,状正如鬼,特红唇白齿略似人耳。所衣皆红所罗绒、辟支缎,是曰鬼奴。语皆侏离不可辨。②

这是屈氏对身着红衣的葡萄牙贵族家内黑人仆役的描绘。而且有葡萄牙人用餐时,"男女杂坐,以黑奴行食品进"③的场景。也有"夷人自有黑奴搬运家私,移顿货物"④的情景。

除此之外,在澳门,随处可见黑人为葡人"做轿夫"、"撑阳伞"的情景。看看保存于日本的南蛮屏风画,即可发现在16世纪前期从印度到中国及日本的航

---

① Peter Mundy, *The Travels of Peter Mundy*, in Europe and Asia, 1608—1667, Nenclelm, Rraus Reprint Ltd, 1967, pp. 264—268.
② (清)屈大均:《广东新语》卷2《澳门》,中华书局1985年版,第37页。
③ (清)印光任、张汝霖:《澳门记略》卷下《澳蕃篇》,澳门文化司署1992年版。
④ (清)梁廷枏:《粤海关志》卷29《夷商四》,袁钟仁校注,广东人民出版社2002年版,第554页。

线上活跃着为数不少的黑人。① 从图中可以明显看出从澳门抵达长崎的"黑船"上不仅有白色的葡萄牙人，还有深肤色的非洲人。这些黑人为其主人撑着大伞，为他们遮挡太阳。

"贝尼娅·达·弗兰萨圣母"（N. Sra. da Penha de França）号巡洋舰舰长尼古拉·费尔南德斯·达·丰塞卡（Nicolau Fernandes da Fonseca）指挥该舰于1774年8月23日在澳门停泊，他在1776年1月写道：

> 在澳门，葡萄牙人被视为贵人，最富有者出门时乘四个奴隶肩抬的轿子，还有两个奴隶为其撑伞……②

曾游历广州的贡斯当也写道：

> 澳门租用和修缮非常豪华的住宅，他们都择地区优美、漂亮、美观又带有很大的美丽花园。自16世纪以来，葡萄牙便习惯于将莫桑比克的黑

---

① ［德］R. 普塔克：《澳门的奴隶买卖和黑人》，关山译，《国外社会科学》1985年第6期。
② ［葡］施白蒂：《澳门编年史（16—18世纪）》，小雨译，澳门基金会1995年版，第172页。

人运到澳门。以给到那里住冬的驻穗欧洲人充当仆人,特别是做轿夫。澳门的西洋人轿子有5名轿夫,4人抬轿,一人撑阳伞。①

从这两段记载来看,黑人家仆充当了主人出行时的轿夫,四人抬轿,一人或两人为主人撑伞遮阳。不仅如此,这些家仆还充当葡人的打手。乾隆五十九年九月十五日禀文:

> 本年八月二十八日,坭水陈亚贤等耸夷统率黑奴持械入铺,拆毁瓦面,打破酒坛,失去钱文。乾隆五十二年八月内,澳门兵头、管库带领黑奴,拆毁郭南泉等铺,并拆毁营地街民人蓬铺。②

嘉庆五年三月十六日禀文:

> 据此,当将解来梁亚顺讯据供称:因夷兵于上年九月内赊欠粉食钱一百二十四文,屡讨不

---

① 耿昇:《贡斯当与〈中国18世纪广州对外贸易回忆录〉》,《暨南史学》2003年第2辑。
② 刘芳辑:《葡萄牙东波塔档案馆藏清代澳门中文档案汇编》,章文钦校,澳门基金会1999年版,第259页。

交。本月十四日在石闸门地方适遇，向讨前欠不还，反率黑奴多人围殴重伤，小的并无统匪索殴。①

葡人蓄养的黑人家奴中有一部分充当了葡人的打手，一旦发生意外，黑人就是他们的保护伞，黑人要不顾一切保护主人的安全。不论是作为轿夫、打手，还是信使、樵夫，② 这些都是黑人家仆的分内之事，他们为葡人做着方方面面的工作。

第四，充当水手。黑奴的水性极好，他们常常被用来充当船上的水手。《甓余杂集》卷2载：

> 据上虞县知县陈大宾申抄黑番鬼三名口词，内开一名沙哩马喇，年三十五岁，地名满咖喇，善能使船观星象，被佛郎机番每年将银八两雇佣驾船。③

这个名叫沙哩马喇的黑番鬼不仅擅长驾船，而且

---

① 刘芳辑：《葡萄牙东波塔档案馆藏清代澳门中文档案汇编》，章文钦校，澳门基金会1999年版，第291页。
② （明）田生金：《按粤疏稿》卷6《辩问矜疑罪囚疏》，天津古籍书店影印万历元刊本。
③ （明）朱纨：《甓余杂集》卷2《议处夷贼以明典刑以消祸患事》，四库存目丛书本。

还能"观星象",于是毋庸置疑地被佛郎机番以"每年将银八两"的价钱雇来驾船。万历十九年(1591)到澳门的王临亨,其《粤剑编》卷3载:

> 番人有一种,名曰黑鬼,遍身如墨,或云死而验其骨亦然。能经旬宿水中,鱼虾,生啖之以为命。番舶渡海,多以一二鬼相从,缓急可用也。①

葡萄牙人的船上往往有几个黑人相从,目的是在渡海时"缓急可用也"。多种中文文献中也有关于黑人作为水手的记载:"有黑鬼者,最善没,没可行数里"②;"番舶往来,有习于泅海者,谓之黑鬼刺船护送"③;"洋船:以黑鬼善没者司之"④。"又闻广东有黑鬼一种能没水沉人之船,若得数人更名长技,亦行两广总督,招致数人,起送前来应用。"⑤当时每年从澳门抵达长崎的"黑船"上不仅有白色的葡萄牙人和亚洲人,而且还有深肤色的来自非洲和亚洲的水手:

---

① (明)王临亨:《粤剑编》卷3,中华书局1987年版,第92页。
② (明)李光缙:《景璧集》卷9,江苏广陵古籍刻印本。
③ (明)胡广等:《明熹宗实录》卷11,第549—550页。
④ (清)郝玉麟修:《(雍正)广东通志》卷9,文渊阁四库全书本。
⑤ (明)韩霖:《守圉全书》卷3之1,台湾"中研院"傅斯年图书馆善本室藏明崇祯九年刊本,第75页。

"崇祯十三年五月十七日（1640年7月6日）澳门小船一艘抵达长崎，海员七十四人，内葡萄牙人六十一人，黑人十三人。"而1640年1月3日从大员出发的遇难获救的荷兰船上就有"黑奴9名"①。嘉庆二十二年的禀文中还记载：

> 本年六月十二日，准顺德县关开：准南海县关开：案准三水县准前途各县转：准崖州递到黑宄子一名过县。准此，当即传据通事，讯据该宄子供称：伊是西洋国人，名叫架喇时，向在澳门充当本国夷船水手。本年二月内，有不记得姓名西洋夷船在澳门开行回国，雇伊在船做水手。②

这个黑人曾"在澳门充当本国夷船水手"，可见，黑人在澳门充当水手是很普遍的，而且葡萄牙人的船上常常雇用水性较好的黑人。

这些被雇用来的大量黑人水手，不仅担当了护卫船只安全的任务，而且为澳门对外贸易的顺利展开提供了安全保障。黑人在澳门整个对外贸易航海中的重

---

① 《巴达维亚城日记》，村上直次郎（原译），郭辉（中译），王诗琅、王世庆校订，第2册，台湾文献委员会2000年印行，第265页。
② 刘芳辑：《葡萄牙东波塔档案馆藏清代澳门中文档案汇编》，章文钦校，澳门基金会1999年版，第627页。

要作用是不容忽视的,如果没有他们,澳门的对外贸易不会发展得如此之快。

第五,充当翻译和贸易者。黑人在与他国群众的来往中掌握了其语言。因此,黑人由于他们的语言知识,有的还充当翻译。① 他们"往往能为中国人语"②,前引《澳门记略》亦称"渐能华语"。徐萨斯《历史上的澳门》中也记载了黑奴充当翻译的事情:

> 1637年,英国的威德尔率舰队从果阿航行至澳门,他们首先派遣一支探测队花一个月时间勘探河流情况,这支探测队于中途被中国舰队拦住,不让他们前行。中国舰队上的通事(翻译)就是一些从澳门逃出去的黑奴。中方官员通过通事规劝这支队伍返回。最终这支英国的探测队返回了澳门。③

从这件事情可以看出,黑奴在双方交涉的过程中

---

① Austin Coates, *Prelude to Hong Kong*, London, 1966, p. 13.
② (明)朱纳:《甓余杂集》卷2《议处夷贼以明典刑以消祸患事》,四库存目丛书本。
③ [葡]徐萨斯:《历史上的澳门》,黄鸿钊、李保平译,澳门基金会2000年版,第75页。

起了很大的作用，他们是双方交涉的桥梁。如果没有这些黑人奴隶充当翻译，不同语言的人们之间就无法进行交流。也许因为他们掌握了其他的语言，因此他们还时常参与葡人的对外贸易活动。叶权对此曾进行过记载：

> （葡萄牙人）役使黑鬼。此国人贫，多为佛郎机奴，貌凶恶，须虬旋类胡羊毛，肌肤如墨，足趾疎洒长大者殊可畏。……亦有妇人携来在岛，色如男子，额上施朱，更丑陋无耻，然颇能与中国交易。①

据叶权的记录反映，在澳门不仅有男黑奴，也有女黑奴，他们均为葡人之奴隶。叶权特别提到那些相貌丑陋的女黑奴，却"颇能与中国交易"，这里不仅记载了黑奴参加对中国的贸易，而且这些黑奴还是女性，这一点似乎在其他文献还找不到类似的记载。屈大均《翁山诗外》卷16《广州竹枝词》中云：

> 十字钱多是大官，官兵枉向澳门盘。东西洋

---

① （明）叶权：《贤博编》，中华书局1987年版，第46页。

货先呈样，白黑番奴捧白丹（注：白丹，番酋也）。①

尤侗《荷兰竹枝词》亦说：

和兰一望红如火，互市香山乌鬼群。十尺铜盘照海镜，新封炮号大将军。②

两首竹枝词也都描写了黑人参加澳门葡人对外贸易的活动。

第六，充当葡人的妾。充当葡人的妾，这一特殊的社会职能是针对女黑奴而言的。在澳门的黑人中不仅有男性，也有女性。那么这些女黑奴除了担当一些具体的社会职能之外，更重要的一点是她们解决了当时来中国的葡萄牙人男女比例失调的问题。也就是说，她们有一种特殊的奴役，就是把她们（指女奴——引者注）用作女人。③

在澳门，就像在果阿和满剌加一样，即便是有妻

---

① （清）屈大均：《翁山诗外》卷16，人民文学出版社1995年版。
② （清）尤侗：《西堂全集》第11册，康熙刊本。
③ ［葡］莱萨：《澳门人口：一个混合社会的起源和发展》，《文化杂志》（中文版）1994年第20期，第122页。

室的葡人家中也常常会有多个女奴。① 他们将从奴隶买卖和抢掠中得来的女人，给她们洗礼，纳她们为妾，这样就在澳门兴起了蓄妾的风气，② 而且这种蓄养女黑奴和纳妾的风气非常普遍。根据佛朗西斯科·德·索萨神父的记载，在澳门的葡人，每个男人家里都养活着一个女人修道院。③ 因此，居住在澳门的"葡萄牙商人通常都有几个在东南亚各口岸买来的女奴"④ 这一现象也不足为奇。因为当时葡萄牙人乘船经过好望角航线移民到亚洲的总人口中，葡萄牙妇女只占了极少的一部分。⑤ 这样就造成了男女比例的严重失调，于是在这种情况下，许多葡人只好与女黑奴结合了，他们的后代就成了带有葡萄牙血统的葡裔。博克塞也认为：

> 从十六世纪六十年代起，这些葡萄牙人及欧

---

① Ana Maria Amaro, *Filhos da Terra*, Macau: Instituto Cultural de Macau, 1988, p. 13.

② ［葡］莱萨:《澳门人口：一个混合社会的起源和发展》,《文化杂志》(中文版) 1994 年第 20 期，第 121 页。

③ 同上。

④ ［葡］洛瑞罗:《伊比利亚文献资料中关于 MACAU 的由来》,《文化杂志》(中文版) 2002 年第 45 期。

⑤ ［印］桑贾伊·苏拉马尼亚姆:《葡萄牙帝国在亚洲 1500—1700：政治和经济史》，何吉贤译，纪念葡萄牙发现事业澳门地区委员会 1997 年版，第 238 页。

亚人士的后代又同非欧洲，特别是同开始在澳门定居的华人进行了血缘混合，以及与不同来源人数众多的奴隶，特别是来自非洲的奴隶进行了血缘混合。①

从上面的记载可以看出，这些女黑奴有一个重要的社会职能，就是解决了一部分葡人移民过程中男女比例失调的问题。因为当时妇女在葡萄牙享有较安全和稳定的地位，移民的葡萄牙人便在他们所征服的其他种族中寻找伴侣。如果这的确属实的话，那么使用女性奴隶作为妾，对于男性葡萄牙人来说就有许多"好处"，这种纳妾行为在16世纪和17世纪初的果阿和其他地区随处可见。例如，菲利波·萨塞蒂是佛罗伦萨的学者和商人，他于16世纪80年代生活在科钦和果阿，被他与一名孟加拉国女奴生下的女儿所供养。② 以此来看，在澳门的葡萄牙人为了解决自己远离故土在异乡生活的需要，即使面临着葡裔群体不断扩大的趋势以及不同种族、肤色的人之间结合带来的

---

① C. R. Boxer, *Estudos para a História de Macau, Século XVI a XVIII*, Lisboa: Fundação Oriente, 1991, pp. 33—34.
② ［印］桑贾伊·苏拉马尼亚姆：《葡萄牙帝国在亚洲1500—1700：政治和经济史》，何吉贤译，纪念葡萄牙发现事业澳门地区委员会1997年版，第238页。

血缘杂交的复杂的结果，他们仍然会选择与他们的女黑奴结合的这种做法，以解决生活的需要。

明清时期，澳门黑人的社会职能是多方面的，同时也是十分细致的。根据各种文献记录来看，他们主要充当士兵、护卫、家仆、水手等。他们作为澳门主要的军事力量维护澳门的社会治安，而且为澳门的经济发展和社会的巩固做出了一定的贡献，同时也促进了澳门海外贸易的发展，逐渐成为澳门社会中主要的主体族群。概言之，黑人在澳门历史发展的长河里具有重要的历史作用，即便是现在，他们的后裔仍为澳门的发展出力献策。

第二节　澳门黑人的去向

明清时期黑人在澳门社会中一直有着重要的作用和不可替代的地位，但到了清代黑人数量逐渐下降，那么澳门黑人何以越来越少？他们最后的去向又如何呢？

首先，随着澳门经济的衰落，来到澳门的葡萄牙人越来越少，因此随其而来的黑人也逐渐减少。1640—1670年对澳门来说可以说是一个危机重重的时期。在这一时期各种重大的危机相继爆发、相互交迭。澳门先后丢失了与日本和马尼拉的贸易。荷兰人持续不断地骚扰澳门的海上贸易，加上满族人征服中国后南部诸省的明王朝支持者掀起了抵抗运动，又使澳门对广东的贸易陷入了严重的混乱之中。清政府为了对付郑成功，采取了禁海令和迁界等措施进行防范，这一时期海上贸易处于瘫痪状态，澳门也同样受到了牵连。清前期发生的"杨光先教案"，也使澳门卷入其中，失去了最有影响的庇护者——清政府。然而，在重重困难之下，澳门奇迹般地生存了下来。最为艰难的时期是北京方面下达了"禁海令"之后，船只进入澳门显得异常艰难。许多在澳门居住的外国人相继离开了澳门，来澳门的葡萄牙人也逐渐减少，根据当时的记载，"（1745 年）从葡萄牙王国来澳门的葡人仅有 90 位"①，可想而知，随同他们而来的黑人奴隶也屈指可数。

其次，葡萄牙奴隶贸易的衰落。由于葡萄牙国内的劳动力远远不能满足葡萄牙人的需求，因此他们非常喜欢役使黑人奴隶为其服务。12 世纪，当葡萄牙作为一个独立的国家出现之后，即开始探险活动，② 罪

---

① ［葡］施白蒂：《澳门编年史（16—18 世纪）》，小雨译，澳门基金会 1995 年版，第 135 页。
② ［美］查·爱·诺埃尔：《葡萄牙史》，南京师范学院教育系翻译组译，商务印书馆香港分馆 1979 年版，第 1 页。

恶的奴隶贸易也随之兴起。因此说，奴隶贸易是葡萄牙扩张带来的最重大的后果之一。①

　　1441年，第一批黑奴运进葡萄牙。从此以后，奴隶贩卖业急剧发展。部分奴隶是西方人直接侵入非洲内地抓获的，但是，大多数是从莫桑比克商人或当地其他土著手里购买的。②到了1445年，迪尼斯·迪亚士首次与一个真正的黑人地区塞内加尔进行接触，于是奴隶贩卖开始了，一船船的奴隶按期运回葡萄牙。这些黑人奴隶对于葡萄牙贵族来说，与其说被看作值钱的财产，不如说被看作新奇的东西；与其说被当作劳力，不如说被当作玩物。当时的趋向是：在他们（指黑人奴隶）改信基督教以后，教他们学会有用的行业，并给予实际的自由，如果他们愿意的话，甚至允许他们和葡萄牙人结婚。这些黑人很快学会葡萄牙语和基督教教义，从而成为为葡萄牙人服务的得力助手。③《葡萄牙的发现》中也写道："（葡萄牙人）对那些从小就征来的奴隶后来还教给他们机械方面的知识；让那些有管理庄园能力的人获得自由并允许他们

---

①［葡］雅依梅·科尔特桑：《葡萄牙的发现》第2卷，邓兰珍译，纪念葡萄牙发现事业澳门地区委员会1997年版，第443页。

②［葡］A.H.德·奥里维拉·马尔格斯：《葡萄牙历史》，李均报译，中国文联出版公司1995年版，第47页。

③［美］查·爱·诺埃尔：《葡萄牙史》，南京师范学院教育系翻译组译，商务印书馆香港分馆1979年版，第66页。

同当地出生的女子结婚。"①

15世纪以后,由于欧洲资本主义急速发展,葡萄牙、西班牙、荷兰和英、法等国殖民者官私勾结,以贩卖黑人,经营奴隶贸易,牟取暴利,积累资本,②使非洲人民面临悲惨的遭遇。1511年葡萄牙占领马六甲。据记载,马六甲本身就是一个蓄养黑奴兴盛的国家。从国王到居民竞富比豪,富户都拥有果园、蓄水池和花园,生活穷奢极侈,而且蓄养黑奴,以黑奴多少区分地位高低。③虽然不能把澳门的情况和马六甲等同起来,但是可以肯定的是葡萄牙在占领马六甲之后,其原本发达的奴隶贸易进入了一个新的阶段。

然而,在曼努埃尔国王去世以后,葡萄牙海外势力(尤其是在东南亚地区)逐渐衰微,葡萄牙"已经基本上从扩张的阶段走上维持的、保守的阶段"④。到了1610年,葡萄牙帝国已成为"退却中的帝国"⑤。

---

① [葡]雅依梅·科尔特桑:《葡萄牙的发现》第2卷,邓兰珍译,纪念葡萄牙发现事业澳门地区委员会1997年版,第445页。

② 朱杰勤:《西方殖民者的黑人奴隶贸易》,《历史教学》1979年第2期。

③ 梁志明:《殖民主义史——东南亚卷》第2章,北京大学出版社1999年版,第54页。

④ [美]查·爱·诺埃尔:《葡萄牙史》,南京师范学院教育系翻译组译,商务印书馆香港分馆1979年版。

⑤ [印]桑贾伊·苏拉马尼亚姆:《葡萄牙帝国在亚洲1500—1700:政治和经济史》,何吉贤译,纪念葡萄牙发现事业澳门地区委员会1997年版,第153页。

葡萄牙人一直所钟爱的奴隶贸易不断衰落。奴隶的数目在不断减少，尤其是由于混血，加速了他们在白人社会里融入的过程。为禁止或阻挠奴隶进入葡萄牙本土，葡当局颁布了种种法令。尽管这样，17世纪中叶在葡萄牙境内还生活着数千名奴隶。①

葡萄牙国内奴隶贸易的起起落落，直接影响到了澳门。早在1758年3月，葡澳当局颁布规定给予华籍奴仆自由身，并禁止再从帝汶等地输女奴入澳，这些法令不能说已使奴隶贸易禁止，但的确使澳门长达一二百年的奴隶贩运受到某种禁限。② 尤其是19世纪，一些有关废除奴隶制的改革措施开始在澳门实施。文德泉的《澳门的奴隶贸易》中曾有记载：

> 萨·达·班德拉（Sá da Bandeira）的九月党（Septembristas）掌政期间，曾在葡萄牙的殖民帝国中推行改革。其中最重要的措施是，1836年12月10日颁布命令，废除葡萄牙殖民地范围内的奴隶贸易。③

---

① ［葡］A. H. 德·奥里维拉·马尔格斯：《葡萄牙历史》，李均报译，中国文联出版公司1995年版，第80页。
② 郭卫东：《清朝的闭关政策与澳门女性社会的发达》，《文化杂志》（中文版）2003年第47期，第167页。
③ Pe. Manuel Teixeira, *O Comércio de Escravos em Macau*, Macau: Imprensa Nacional, 1976, p. 11.

《澳门编年史（19 世纪）》也有关于此事的记载。① 之后相关的法令一一出台。1841 年 2 月 6 日萨·达·班德拉等人于 1836 年 12 月 10 日向玛利亚女王二世建议颁布废除奴隶制的法令，经澳门政府秘书处核准，在即日第 34 期《商报》上公布。② 1842 年 7 月 3 日葡萄牙与英格兰签订废除奴隶制的条约。两国海军可以互相检查对方被怀疑贩运奴隶的船只。③ 1836 年 12 月 10 日的法令禁止从海上进口奴隶，1854 年 12 月 14 日的法令又规定禁止从陆路进口奴隶。④ 1856 年 12 月 23 日所有澳门市内的奴隶都被即日颁布的法令给予自由人身份。奴隶身份制度被废除。1859 年 3 月 5 日在法国轮船 "Charleset Georges" 号上人们讲述的在莫桑比克和法属留尼旺岛实行的奴隶制度引起了人们对废除奴隶制度的关注。澳门亦对此表示了一定的重视。⑤ 一系列废除奴隶制措施的实施，无疑给葡萄牙在澳门的奴隶贸易带来了巨大的影响。

再次，黑人的婚姻问题难以解决，也造成黑人数

---

① ［葡］施白蒂：《澳门编年史（19 世纪）》，姚京明译，澳门基金会 1998 年版，第 64 页。

② 同上书，第 79 页。

③ 同上书，第 83 页。

④ 同上书，第 129 页。

⑤ 同上书，第 137 页。

量的不断减少。由于黑人地位的低下以及他们本身的风俗，因此他们很难进行正式的婚姻。而且对黑奴的歧视，也是造成黑人无法解决婚姻问题的一个关键因素。

自从 11 世纪运送珠宝的船就从非洲带来了黑奴，人们已经知道他们的存在，但我相信，世界上最封闭的民族的女人们是不肯与那些"罕见的黑家伙们"为伍的。来到澳门的黑人，有时婚姻问题无法解决。即使有（葡萄牙人）与黑人女子通婚的情况，但都是非正式的，并且仅限于最贫困阶层，这是因为，即便与被解放的女奴结婚，在中国也会被视为物种学上反自然的，从社会角度看则是无法无天的。而且 19 世纪流行的一首歌这样唱道：结婚，结婚，戴上头巾；和黑人婚配，缺肺少心。①

如此看来，许多人对此有情绪上的抵制。而且，如果黑奴的表现不能令主人满意，他们也会在婚配上受到相当严厉的惩罚。《皇清职贡图》卷 1：

---

① ［葡］莱萨：《澳门人口：一个混合社会的起源和发展》，《文化杂志》（中文版）1994 年第 20 期，第 120 页。

若主人恶之，锢其终身，不使匹配，示不蕃其类也。①

主人要把黑奴"锢其终身，不使匹配"，这么重的惩罚也造成其后代越来越少。黑人数量的减少在一定程度上是指纯种的黑人越来越少，许多黑人的后代是混血儿，都融入了澳门社会。陈兰芝在《岭海名胜记》中收录了一首关于黑人野合生子的竹枝词：

然犀牛渚事非奇，绒发碧瞳见怪魖。蜾蠃亦知遗异种，都教巴礼养婴儿（夷俗：黑鬼无配偶，多野合，设野仔庙收其遗孽）。②

这些黑鬼无配偶，多是野合，而他们的后代则是由"野仔庙"收留。"野仔庙"也就是仁慈堂。因为"白为主，黑为奴，生而贵贱自判"③，"白者为贵种，大率皆子弟。黑鬼种贱，世仆隶耳"④。因此与黑人野

---

① （清）傅恒：《皇清职贡图》卷1，辽沈书社1991年版。
② （清）陈兰芝：《岭海名胜记》之《澳门竹枝词》，乾隆五十五年刊本。
③ （清）赵翼：《檐曝杂记》卷4《诸番》，中华书局1982年版。
④ （清）杜臻：《粤闽巡视纪略》卷2，孔氏岳雪楼影钞本。

合而生的后代只能被仁慈堂收留，或许他们以后还会在富家大族中继续充当奴隶。有时主人也会为他们解决婚姻大事。《东夷图说》中则有一段描述：

> 尝见将官买以冲锋，其直颇厚，配以华妇，生子亦黑。久蓄能晓人言，而自不能言，为诸夷所役使，如中国之奴仆也，或曰猛过白番鬼云。①

赵翼《檐曝杂记》卷4《诸番》：

> 某家买一黑奴，配以粤婢，生子矣，或戏之曰："尔黑鬼，生儿当黑。今儿白，非尔生也。"黑奴果疑，以刀斫儿胫死，而胫骨乃纯黑，于是大恸。始知骨属父，而肌肉则母体也。②

如果黑奴的表现好，主人会为其"配以华妇"，一是解决了他们的婚姻问题，二是华人与黑人奴隶联姻后"生子亦黑"，葡人就极力培养这些幼年黑奴，将来长大了更好地为自己服务。1791年提供的澳门奴

---

① （明）蔡汝贤：《东夷图说》之《黑鬼》篇，北京图书馆藏明万历刻本。
② （清）赵翼：《檐曝杂记》卷4《诸番》，中华书局1982年版。

隶数据中就有"幼年男奴为65人，幼年女奴为27人"①的记载。葡萄牙人当时乘船经过好望角航线移民到亚洲的总人口中，葡萄牙妇女只占了极少的一部分。②这样就造成了男女比例的严重失调，于是在这种情况下，许多葡人就与女黑奴结合了，他们的后代就成为带有葡萄牙血统的葡裔。居澳的"葡萄牙商人通常都有几个在东南亚各口岸买来的女奴"③。博克塞也认为：

> 从十六世纪六十年代起，这些葡萄牙人及欧亚人士的后代又同非欧洲，特别是同开始在澳门定居的华人进行了血缘混合，以及与不同来源人数众多的奴隶，特别是来自非洲的奴隶进行了血缘混合。④

这些女黑奴又具有另外一个重要的作用，即解决一

---

① A. M. Martins do Vale, *Os portugueses em Macau* (1750—1800), Instituto Português do Oriente, 1997, p. 135.
② [印]桑贾伊·苏拉马尼亚姆：《葡萄牙帝国在亚洲1500—1700：政治和经济史》，何吉贤译，纪念葡萄牙发现事业澳门地区委员会1997年版，第238页。
③ [葡]洛瑞罗：《伊比利亚文献资料中关于MACAU的由来》，《文化杂志》（中文版）2002年第45期。
④ C. R. Boxer, *Estudos para a História de Macau, Século XVI a XVIII*, Lisboa, 1991, pp. 33—34.

部分葡人移民过程中男女比例失调的问题。因为当时妇女在葡萄牙享有较安全和稳定的地位；移民的葡萄牙男性便倾向于在他们所征服的其他种族中寻找伴侣。如果这的确属实的话，那么使用女性奴隶作为妾对他们来说就有许多"好处"，这种纳妾行为在 16 世纪和 17 世纪初的果阿和其他地区随处可见。例如，菲利波·萨塞蒂是佛罗伦萨的学者和商人，他于 16 世纪 80 年代生活在科钦和果阿，被他与一名孟加拉女奴生下的女儿所供养。① 这些女奴大多数来自非洲或远东的不同地区，不同种族和肤色的人之间的结合使得血缘杂交更加复杂。因此，这种婚配结合在解决葡萄牙人婚姻问题的同时，也面临葡裔群体不断扩大的趋势。即便如此，澳门的葡萄牙人为了解决自己远离故土在异乡生活的需要，不少人还是选择了与他们的女黑奴结合。这进而导致澳门具有纯正血统的黑种人总数的不断减少。

最后，逃奴现象严重，黑人数量逐减。黑人在澳门的政治、经济地位相当低下，而且受到不公平的待遇，因此他们独自或结伴逃跑。黑人出逃后，一般不会再回来，他们找到了新的主人，心甘情愿地为其主

---

① ［印］桑贾伊·苏拉马尼亚姆：《葡萄牙帝国在亚洲 1500—1700：政治和经济史》，何吉贤译，纪念葡萄牙发现事业澳门地区委员会 1997 年版，第 238 页。

子效力。

但是，黑人在澳门社会中并没有完全消失，而是逐渐融入了澳门社会。即便到了后来也仍然有黑人来到澳门，但只不过是暂时性的居留。

> 澳门葡人调来新兵，已见前报。载来之兵约五百名，内多非洲黑人，此种人向来足赤不能蹑履，葡人以赤足不雅，现使穿皮拖鞋，随葡人队后。此次新来者葡之土生兵不过百余人。老于澳之葡人向华人侈言，谓此葡人皆伊祖国之革命军，能征惯战，黑人则最矫捷，上山如飞，下水如獭。等语。欲以慑我侨民，扬彼国威，乃前月三十一号葡兵官大合新来之兵，在东望洋打靶地会操。该黑人坐作进退，均皆蠢笨，至于跑走并不能及我华人，且皮鞋纷纷脱落，见者无不失笑。①

另外，第二次世界大战也使一批欧洲和非洲士兵来到这里（指澳门——引者注），澳门依然是各种文化和血统的交叉路口。②

---

① 黄鸿钊：《中葡澳门交涉史料》第 2 辑，澳门基金会 1998 年版，第 296 页。

② ［葡］莱萨：《澳门人口：一个混合社会的起源和发展》，《文化杂志》（中文版）1994 年第 20 期，第 136 页。

附　图

　　1　　　　　　　2　　　　　　　3

1 昆仑俑　唐·郑仁泰墓出土

2 昆仑俑　郑州唐墓出土

3 僧祇俑　西安嘉里村唐·裴氏墓出土

　　资料来源：孙机：《唐俑中的昆仑和僧祇》，载孙机《中国圣火》，辽宁教育出版社1996年版。

唐画中的黑人

资料来源:《艺术世界》2003 年第 3 期。

"南蛮"艺术风格屏风画（16 世纪末）

资料来源:《文化杂志》（中文版）1997 年第 31 期。

荷兰人与"小黑人"
资料来源:汤锦台:《开启台湾第一人——郑芝龙》,台北果实出版社2002年版。

《东夷图说》中的黑奴

资料来源：蔡汝贤：《东夷图说》，北京图书馆藏万明历刻本。

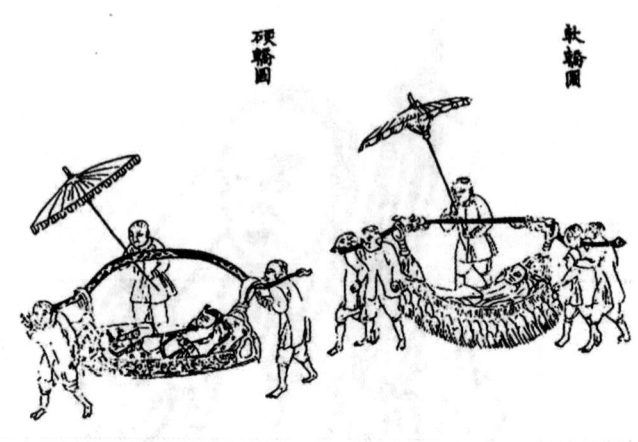

硬轿图　　　　**软轿图**

资料来源：印光任、张汝霖：《澳门记略》，澳门文化司署 1992 年版。

《皇清职贡图》中的葡萄牙男女黑奴形象

资料来源：傅恒：《皇清职贡图》，辽沈书社 1991 年版。

小黑人种族

资料来源：高恒：《南洋论》，南洋经济研究所 1948 年版，第 293 页。

现代菲律宾黑人

资料来源：香港大学钱江老师提供照片。

参考文献

一 古籍文献

（后晋）刘昫等：《旧唐书》，中华书局1975年版。

（唐）杜佑：《通典》，上海图书集成局1901年排印本。

（唐）房玄龄等：《晋书》，中华书局1974年版。

（唐）魏征、令狐德棻：《隋书》，中华书局1982年版。

（唐）释慧琳：《一切经音义》，续修四库全书本。

（唐）张鷟：《朝野佥载》，中华书局1979年版。

（宋）欧阳修：《新五代史》，中华书局1986年版。

（宋）欧阳修、宋祁等：《新唐书》，中华书局1975年版。

（宋）李昉等：《太平广记》，中华书局1981年版。

（宋）李昉等：《太平御览》，中华书局1985年版。

（宋）沈括：《梦溪笔谈》，丛书集成初编本。

（宋）赵汝适：《诸蕃志校释》，杨博文校释，中华书局 2000 年版。

（宋）周去非：《岭外代答校注》，杨武泉校注，中华书局 1999 年版。

（宋）司马光：《涑水记闻》，中华书局 1989 年版。

（宋）陈旸：《乐书》，文渊阁四库全书本。

（宋）吴淑：《事类赋注》，中华书局 1989 年版。

（宋）朱彧：《萍洲可谈》，丛书集成初编本。

（宋）周密：《癸辛杂识》，中华书局 1997 年版。

（元）脱脱等：《宋史》，中华书局 1977 年版。

（元）魏初：《青崖集》，文渊阁四库全书本。

（元）汪大渊：《岛夷志略校释》，苏继庼校释，中华书局 1981 年版。

（元）虞集：《道园学古录》，文渊阁四库全书本。

《大元圣政国朝典章》，"国立"故宫博物院 1975 年印行。

（明）陈耀文：《天中记》，文渊阁四库全书本。

（明）蔡汝贤：《东夷图说》，北京图书馆藏明万历刻本。

（明）李时珍：《本草纲目》，人民卫生出版社 1977 年版。

（明）罗日炯：《咸宾录》，中华书局2000年版。

（明）方以智：《通雅》，文渊阁四库全书本。

（明）胡广等：《明实录》，台湾"中研院"历史语言研究所1962年校印本。

（明）黄省曾：《西洋朝贡典录校注》，谢方校注，中华书局2000年版。

（明）韩霖：《守圉全书》，台湾"中研院"傅斯年图书馆善本室藏明刊本。

（明）霍与瑕：《霍勉斋集》，清光绪丙戌重刊本。

（明）刘嵩：《槎翁诗集》，文渊阁四库全书本。

（明）彭大翼：《山堂肆考》，文渊阁四库全书本。

（明）徐一夔等：《明集礼》，文渊阁四库全书本。

（明）黄淮：《省愆集》，文渊阁四库全书本。

（明）申时行等：《明会典》，中华书局1989年排印本。

（明）田生金：《按粤疏稿》，天津古籍书店影印万历元刊本。

（明）孙瑴：《古微书》，文渊阁四库全书本。

（明）郑晓：《今言》，中华书局1984年版。

（明）叶子奇：《草木子》，中华书局1997年版。

（明）叶权：《贤博篇》，中华书局1987年版。

（明）宋濂等：《元史》，中华书局1976年版。

（明）俞汝楫：《礼部志稿》，文渊阁四库全书本。

（明）朱纨：《甓余杂集》，四库存目丛书本。

（明）王士骐：《皇明驭倭录》，四库存目丛书本。

（明）王临亨：《粤剑编》，中华书局1987年版。

（明）王士性：《广志绎》，中华书局1981年版。

《皇明祖训·祖训首章》，四库全书存目丛书本，齐鲁书社1996年版。

（清）陈兰芝：《岭海名胜记》，乾隆五十五年刊本。

（清）暴煜：《（乾隆）香山县志》，清乾隆十五年刊本。

（清）杜臻：《粤闽巡视纪略》，孔氏岳雪楼影钞本。

（清）傅恒：《皇清职贡图》，辽沈书社1991年版。

（清）关天培：《筹海初集》，近代中国史料丛刊三编。

（清）郝玉麟修：《（雍正）广东通志》，文渊阁四库全书本。

（清）屈大均：《广东新语》，中华书局1985年版。

（清）屈大均：《翁山诗外》，人民文学出版社1995年版。

（清）汤彝：《盾墨》，续修四库全书本。

（清）潘义增、潘飞声：《番禺潘氏诗略》，光绪二十年刻本。

（清）梁廷枏：《粤海关志》，袁钟仁校注，广东人民出版社 2002 年版。

（清）夏之蓉：《半舫斋诗钞》，乾隆三十六年刻本。

（清）吴历：《三巴集》，小石山房丛书本。

（清）王植：《崇德堂稿》，续修四库全书本。

（清）印光任、张汝霖：《澳门记略》，澳门文化司署 1992 年版。

（清）于敏中、英廉等：《钦定日下旧闻考》，文渊阁四库全书本。

（清）尤侗：《西堂全集》，康熙刊本。

（清）赵翼：《檐曝杂记》，中华书局 1982 年版。

（清）祝淮：《新修香山县志》，清道光七年刊本。

（清）张甄陶：《澳门图说》，小方壶斋舆地丛钞本。

（清）张廷玉：《明史》，中华书局 1974 年版。

《清高宗实录》，中华书局 1985—1987 年影印本。

《清史列传》，王钟翰点校，中华书局 1987 年版。

（民国）黄培坤：《澳门界务争持考》，广东省图书馆 1931 年刊本。

二 中文著作

艾周昌、沐涛：《中非关系史》，华东师范大学出版社 1996 年版。

陈佳荣、谢方、陆峻岭：《古代南海地名汇释》，中华书局 1986 年版。

崔维孝：《明清时期西班牙方济各会在华传教研究》（1579—1732），中华书局 2006 年版。

费成康：《澳门四百年》，上海人民出版社 1988 年版。

戴裔煊：《〈明史·佛朗机传〉笺正》，中国社会科学出版社 1984 年版。

刘芳辑：《葡萄牙东波塔档案馆藏清代澳门中文档案汇编》，章文钦校，澳门基金会 1999 年版。

刘芝田：《菲律宾民族的渊源》，东南亚研究所丛书 1969 年版。

高恒：《南洋论》，南洋经济研究所 1948 年版。

李学民、黄昆章：《印尼华侨史》，广东高等教育出版社 1987 年版。

林惠祥：《世界人种志》，台湾商务印书馆 1967 年版。

黄鸿钊：《中葡澳门交涉史料》，澳门基金会 1998 年版。

汤开建：《明清士大夫与澳门》，澳门基金会 1998 年版。

汤开建：《澳门开埠初期史研究》，中华书局 1999 年版。

金国平著/译：《西力东渐——中葡早期接触追昔》，澳门基金会 2000 年版。

金国平：《中葡关系史地考证》，澳门基金会 2000 年版。

金国平、吴志良：《东西望洋》，澳门成人教育学会 2002 年版。

吴志良：《生存之道》，澳门成人教育学会 1998 年版。

梁志明主编：《殖民主义史——东南亚卷》，北京大学出版社 1999 年版。

《中西初识二编》，大象出版社 2002 年版。

陈胜粦编：《林则徐日记》，辑自陈树荣《林则徐与澳门》，澳门 1989 年刊本。

《澳门的军事组织和军服四百年》，澳门文化司署 1999 年版。

向达：《郑和航海图》，中华书局 2000 年版。

中国历史第一档案馆、澳门基金会、暨南大学古籍研究所合编：《明清时期澳门问题档案文献汇编》，人民出版社 1999 年版。

《辞海》，上海辞书出版社 1979 年版。

三　译著

［葡］施白蒂：《澳门编年史（16—18 世纪）》，小雨译，澳门基金会 1995 年版。

［葡］施白蒂：《澳门编年史（19 世纪）》，姚京明译，

澳门基金会 1998 年版。

［葡］费尔南·门德斯·平托：《远游记》，金国平译，葡萄牙大发现纪念澳门地区委员会、澳门基金会、澳门文化司署、东方葡萄牙学会 1999 年版。

［葡］徐萨斯：《历史上的澳门》，黄鸿钊、李保平译，澳门基金会 2000 年版。

［葡］雅依梅·科尔特桑：《葡萄牙的发现》，邓兰珍译，纪念葡萄牙发现事业澳门地区委员会 1997 年版。

［葡］A. H. 德·奥里维拉·马尔格斯：《葡萄牙历史》，李均报译，中国文联出版公司 1995 年版。

［摩洛哥］伊本·白图泰：《伊本·白图泰游记》，马金鹏译，宁夏人民出版社 2000 年版。

［比］钟鸣旦：《徐家汇藏书楼明清天主教文献》，辅仁大学出版社 1996 年版。

［英］米歇尔·库珀：《"通辞"罗德里格斯》，松本玉译，原书房 1991 年版。

［美］卫思韩：《使团与幻想》，哈佛大学出版社 1984 年版。

［美］马士：《中华帝国对外关系史》，张汇文译，商务印书馆 1963 年版。

［美］查·爱·诺埃尔：《葡萄牙史》，南京师范学院

教育系翻译组译，商务印书馆香港分馆 1979 年版。

［瑞］龙斯泰：《早期澳门史》，吴义雄译，章文钦校注，东方出版社 1997 年版。

［法］裴化行：《天主教十六世纪在华传教志》，萧浚华译，商务印书馆 1936 年版。

［法］费赖之：《在华耶稣会士列传及书目》上册，冯承钧译，中华书局 1995 年版。

［法］费琅：《昆仑及南海古代航行考》，冯承钧译，中华书局 1957 年版。

［意］利玛窦：《利玛窦中国札记》，何高济等译，中华书局 1983 年版。

［苏联］斯·尤·阿勃拉莫娃：《非洲——四百年的奴隶贸易》，陈士林、马惠平译，商务印书馆 1983 年版。

［印］桑贾伊·苏拉马尼亚姆：《葡萄牙帝国在亚洲 1500—1700：政治和经济史》，何吉贤译，纪念葡萄牙发现事业澳门地区委员会 1997 年版。

程绍刚译注：《荷兰人在福尔摩莎（1624—1662）》，台湾联经出版事业公司 2000 年版。

《巴达维亚城日记》，村上直次郎（原译），郭辉（中译），王诗琅、王世庆校订，台湾文献委员会 2000 年印行。

四 西文著作

Ana Maria Amaro, *Filhos da Terra*, Macau: Instituto Cultural de Macau, 1988.

A. M. Martins do Vale, *Os Portugueses em Macau (1750—1800)*, Instituto Português do Oriente, 1997.

Austin Coates, *Prelude to Hong Kong*, London, 1966.

Bocarro, *Descrição da Cidade do Nome de Deus*, in Boxer, Macau.

C. R. Boxer, *Estudos para a História de Macau, Século XVI a XVIII*, Lisboa, 1991.

Pe. Manuel Teixeira, *O Comércio de Escravos em Macau*, Macau: Imprensa Nacional, 1976.

Pe. Manuel Teixeira, *Macau no Séc, XVIII*, Imprensa Nacional de Macau, 1984.

Pe. Manuel Teixeira, *Toponímia de Macau, Ruas com Nomes Genéricos*, Imprensa Nacional, Macau, 1979.

Pe. Manuel Teixeira, *Macau através dos séculos*, Macau, 1977.

Pe. Manuel Teixeira, *Macau no Séc. XVIII*, Imprensa Nacional de Macau, 1984.

Peter M. Voelz, *Slave and Soldier: The Military Impact of*

Blacks in the Colonial Americas, Garland Publishing INC. New York & London, 1993.

Peter Mundy, *The Travels of Peter Mundy, in Europe and Asia, 1608—1667*, Nenclelm, Rraus Reprit Ltd, 1967.

Rudy Bauss, *A Demographic Study of Portuguese India and Macau as well as comments on Mozambique and Timor, 1750—1850*, the India Economic and Social History Review, 1997.

五　参考论文

蔡鸿生：《唐宋佛书中的昆仑奴》，《中西初识二编》，大象出版社 2002 年版。

崔大庸：《唐代黑人形象初探》，《中国文物世界》第 108 期。

程国赋：《唐代小说中昆仑奴现象考述》，《暨南学报》2002 年第 5 期。

凌纯声：《中国史志上的小黑人》，《中央研究院院刊》1956 年第 3 辑。

凌纯声：《南洋土著与中国古代百越民族》，《学术季刊》1954 年第 3 期。

胡肇椿、张维持：《广州出土的汉代黑奴佣》，《中山大学学报》1961 年第 2 期。

金国平、吴志良：《郑芝龙与澳门——兼谈郑氏家族的澳门黑人》，《海交史研究》2002 年第 2 期。

金国平：《TCHANG – SI – LAO 其人文海钩稽"海盗说"溯源》，载金国平《中葡关系史地考证》，澳门基金会 2000 年版。

步连生：《试论我国古代雕塑的昆仑人及其有关问题》，《向达先生纪念论文集》，新疆人民出版社 1986 年版。

李季平：《唐代昆仑奴考》，《文史》1982 年第 16 辑。

秦浩：《唐墓昆仑奴俑考释》，《南京大学学报》1983 年第 2 期。

孙机：《唐俑中的昆仑和僧祇》，载孙机《中国圣火》，辽宁教育出版社 1996 年版。

汪受宽：《元以前来华黑人考》，《社会科学战线》2001 年第 1 期。

张星烺：《昆仑与昆仑奴考》，《中西交通史料汇编》第 2 册，中华书局 1977 年版。

张星烺：《唐时非洲黑奴入中国考》，《辅仁学志》1929 年第 1 卷。

葡萄牙国家档案馆总督函档第 153 号《末儿丁·甫思·多·灭儿致函国王汇报中国之行情况》，载金国平《西方澳门史料选粹（15—16世纪）》，广东人民出版社2005年版。

汤开建：《田生金〈按粤疏稿〉中的澳门史料》，载汤开建《明清士大夫与澳门》，澳门基金会1998年版。

彭坤元：《清代人眼中的非洲》，《西亚非洲》2000年第1期。

杜婉言：《论澳门海防军民同知》，《澳门历史与发展论文集》1999年12月。

郭卫东：《清朝的闭关政策与澳门女性社会的发达》，《文化杂志》（中文版）2003年第47期。

朱杰勤：《西方殖民者的黑人奴隶贸易》，《历史教学》1979年第2期。

李长森：《澳门土生族群研究》，博士论文，暨南大学，2005年。

耿昇：《贡斯当与〈中国18世纪广州对外贸易回忆录〉》，《暨南史学》2003年第2辑。

［德］R. 普塔克：《澳门的奴隶买卖和黑人》，关山译，《国外社会科学》1985年第6期。

［美］C. R. 博克塞：《十六—十七世纪澳门的宗教和贸易中转港之作用》，《中外关系译丛》1991年第5辑。

［葡］莱萨：《澳门人口：一个混合社会的起源和发展》，《文化杂志》（中文版）1994年第20期。

［葡］弗郎西斯科·皮门特尔：《葡萄牙国王遣中华及鞑靼皇帝特使玛讷撒尔达聂使京廷简记（1667—1670）广州启程录》，载金国平《中葡关系史地考证》，澳门基金会2000年版。

［葡］洛瑞罗：《伊比利亚文献资料中关于MACAU的由来》，《文化杂志》（中文版）2002年第45期。

［葡］文德泉：《关于澳门土生人起源的传说》，《文化杂志》（中文版）第20期。

［葡］罗热里奥·米格尔·普戈：《从哈丽特·洛（希拉里）的日记看19世纪澳门性别的社会生活》，《澳门公共行政杂志》2002年第2期。